発達障害「グレーゾーン」その正しい理解と克服法

岡田尊司

SB新書
572

はじめに　発達障害未満なのになぜ生きづらいのか

「発達障害」という言葉が広く知られるようになり、多くの人が、自分も当てはまるのではないかと感じて、医療機関や相談機関を訪れるケースが非常に増えている。発達障害ではと疑って、診察にやってくる場合にも、大きく二つのケースがある。

一つは親や教師、パートナーや上司といった**まわりの人が、発達障害があるのではないかと疑い、受診をすすめるというケース**だ。本人はまだ自覚がなく、親に連れられてやってきた子どもや、パートナーや上司から受診するように言われたという大人のケースも最近多い。

その一方で、さらに増加が目立つのは、**自ら「発達障害」ではないかと疑って、診察や相談にやってくるケース**だ。そうしたケースに共通する特徴は、長年生きづらさや生きることへの違和感のようなものを感じていて、それがいったい何なのか、悩んできたという状況で、もしその原因が「発達障害」によるものなら、一歩前に進めるのではないかという期待も抱いているということだ。

どちらの場合も、きちんとした診断を行うには、丁寧な問診と診察、発達検査などが必要になる。より正確を期《き》すのであれば、数回にわたって診察を行い、状態を見極める必要がある。

ところが、あっけないくらい簡単な問診とチェックリストによるスクリーニング検査だけで、ちゃんとした発達検査さえ行われず、診断が下されて、薬まで出されてしまうというケースも珍しくない。とくに「ＡＤＨＤ（注意欠如・多動性障害）」と診断される場合には、そういうことが起きやすい。

不注意や衝動性といったＡＤＨＤの症状は非特異的なもので、ＡＤＨＤでなくとも、さまざまな要因で生じてしまうため、スクリーニング検査だけで診断すると、半分くらいが過剰診断による誤診となってしまう。

その一方で、長時間かけて発達検査も受けてみたものの、結局、障害というほどではなく、「グレーゾーン」、つまり、境界域だと判定されることもある。

障害というレベルには該当しなかったのだから喜ぶべきはずだが、多くの人は、もっと複雑な反応を示す。彼らとしては、自分の生きづらさの原因を「発達障害」に求めて、長い時間と労力、費用もかけて診察や検査を受けたのに、結局、どちらとも言えないという曖昧な答えだけが返ってきて、それをどう受け止めればいいのか戸惑ってしまうのだ。

障害というほどではないと判定されたことで、自分の生きづらさや苦しみが、それほどではないと言われたような気もちになる人も多い。障害というほどではないのに、自分がこんなに悩んでいるのは、自分がただ過剰反応しているだけなのか。自分が長年味わってきた苦しみを、軽くあしらわれたような気もちになり、すっきりするどころか、もやもやがかえって深まってしまうこともある。

では、はたして、グレーゾーンと判定された場合、それほど苦しむような深刻なものではなく、軽く受け止めればいいものなのだろうか。生きづらさも、障害レベルの発達障害に比べれば、軽いと考えればいいのだろうか。

実際に数多くのケースに向き合ってきた経験から言うと、まったくそうではなく、**グレーゾーンの人は、障害レベルの人と比べて生きづらさが弱まるどころか、ときには、より深刻な困難を抱えやすい**ということだ。

障害レベルでないため、特別な配慮や支援もなく、難しい課題にも取り組むことが求められるし、健常者と対等に競わされる立場にも置かれやすい。グレーゾーンのケースは、ある部分では能力の高いケースも少なくないため、その人にかかる期待も大きくなる。生きづらさや困難が減るどころか、期待値の高さとのギャップに苦しむことになりやすいのだ。

それだけでなく、グレーゾーンにはグレーゾーンに特有の生きづらさが生じ、それは障害レベルの状態とは質的に異なる困難さだとも言える。あとでも見ていくように、**グレーゾーンのケースには愛着や心の傷といった問題が絡んでいることが少なくない。**

グレーゾーンは単なる「障害未満」の状態ではなく、性質の異なる困難を抱えていることも多い。障害レベルの発達障害についての知識だけでは不十分で、特別な治療アプローチやサポートが必要になってくる。障害レベルの状態よりも、ある意味、幅広い知識やさまざまなケースに対応できる実践的な経験、ノウハウが必要になるのだ。それらがあってはじめて、その人が必要としているレベルのサポートが提供できるからだ。しかし、そうしたことはあまり理解されていない。

グレーゾーンという用語は、幼児期のように、まだ症状がはっきりせず、診断に至らないという場合に使われる場合と、青年・成人期にありがちなのだが、症状としては明確になってきているものの、診断基準をすべて満たすには至らないために使われる場合があり、両者では、意味合いが違ってくる。

幼児期や学童期のはじめに「グレーゾーン」と言われる場合には、まだどちらに行き着くかわからないというニュアンスがある。それに対して、成人や青年のグレーゾーンとなると、症状や特性ははっきりしているものの、診断基準に達しないため「グレーゾーン」と判定しているということだ。

子どものグレーゾーンについて書かれた本はたくさんあるし、成人だけについて書かれた本もあるが、実際には、その両者はつながって一人の人間の人生となっている。

その両者を連続した視点で見ることで、はじめて何が起きているのか、どうすればいいかが見通せる。いまの問題が将来のどんな問題につながるのか、あるいはいま困っていることが、子どものころに感じていたどんな特性や状況に由来しているのか、それらがつながることで、より深い理解と必要な対処が可能になる。

そのため、本書では、子どもだけ、大人だけの書き方にはせず、子どもから大人まで通した問題として、グレーゾーンについて考えていきたい。

なお本書にはたくさんの事例が登場するが、一般人の事例は、実際のケースをヒントに再構成したもので、特定のケースとは無関係であることをお断りしておく。

もくじ

第3章

空気が読めない人たち——社会的コミュニケーション障害

第4章

イメージできない人たち——ASDタイプと文系脳タイプ

第5章 共感するのが苦手な人たち——理系脳タイプとSタイプ

第6章 ひといちばい過敏な人たち——HSPと不安型愛着スタイル

第７章 生活が混乱しやすい人たち――ＡＤＨＤと疑似ＡＤＨＤ

第8章

動きがぎこちない人たち——発達性協調運動障害

第9章

勉強が苦手な人たち――学習障害と境界知能

第10章 グレーゾーンで大切なのは「診断」よりも「特性」への理解

第1章

「グレーゾーン」は
症状が軽いから問題ない？

「様子を見ましょう」――子どものグレーゾーンにありがちなケース

まずは、小さなお子さんにありがちな状況から見ていこう。

K君は、幼いころから神経質なところがあった。夜もなかなか眠らなかったり、離乳食も嫌がったりして、お母さんは子育てに苦労が絶えなかったという。三年後、下に娘ができたとき、とても育てやすく、その違いに驚いたほどだった。

K君の発達はどちらかというとゆっくりだった。歩き出したのは1歳2か月。頭が少し大きいせいか、バランスが悪く、よく転んで泣いた。不器用で、クレヨンやお箸の握り方がおかしく、何度も直すのだが、なかなかうまく握れなかった。

3歳時検診のとき、積み木がうまく積めず、言葉の発達も少し遅いと言われ、療育《りょういく》（発達支援）をすすめられたのだが、ちょうど下の子の出産と重なってしまい、夫も夫の母も、「おれも（あの子も）こんなものだった」と言うので、そのままになってしまった。

幼稚園に通いはじめても、なかなかなじめず、一か月ほどは泣いて過ごした。その後、徐々に慣れていったものの、友だちと遊んでいる姿を見ることはあまりなく、一人でいるか、先生に手を引かれていることが多かった。

ただ、トラブルを起こすことはなく、ほかの子が遊んでいるのを黙って眺めていても、それほど苦にもならないようだった。それでも、お母さんとしては心配で、園の先生にも何度か相談したが、あれぐらいなら問題ないという人もいれば、一度専門の先生に診てもらってはという人もいた。

結局、受診する決心をして、医療機関を最初に訪れたのは、幼稚園の年中《ねんちゅう》になってからだった。診察のあと、医者から告げられた結果は「グレーゾーン」。**傾向はあるものの、軽度なので、「様子を見ましょう」ということになった**のだ。園で目立ったトラブルがないことも、それほど困っていないと判定されたようだ。

お母さんとしてはほっとすると同時に、少し不安が残ったまま、就学年齢を迎えた。一年生のときは、それほど問題なく、何とか授業にもついていけていた。

ところが、二年生になって、厳しい指導で定評のある先生が担任となり、九九を大きな声で言えなかったことをみんなの前で注意されてから、ひどく緊張するようになった。学校に行く時間になると、お腹が痛いとか、体調が悪いと言い出すようになったのだ。

学校をときどき休むようになり、学年が上がると、その頻度が増えていった。支援級に替わってはどうかという話もあったが、以前、診断を受けたときに、障害ではなく、グレーゾーンだと言われたことがお母さんの頭にはあり、夫も夫の母親も強く反対したため、支援級を利用することには二の足を踏んでいた。

悩んだすえ、学校の強いすすめもあり、筆者のクリニックを受診することになったのだが、そのときK君はすでに四年生になっていた。

診察のときも、K君は緊張した様子で、所在なげにあらぬほうばかりを見ていた。質問には答えるが、一言か二言で、すぐ言葉が途切れてしまう。表情もやや乏しく、アイコンタクトもあまりない。この子が、グレーゾーン？ と私は少し心配になった。

発達の特性を調べる場合、発達検査というものを行う。K君の場合、年中のときに別の医療機関を受診したものの、年齢が足りなかったため、正式の発達検査は受けていなかった。

今日、発達検査の中核を担《にな》っているのが、ウェクスラー式知能検査だ。

ウェクスラー式知能検査には、児童用のWISC（ウィスク）、16歳以上の青年・

成人用のWAIS（ウェイス）などがある。ウェクスラー式知能検査の特徴は、全般的な知能指数以外に、四つの各能力について指数が算出されることである。これは群指数と呼ばれ、**「言語理解」「知覚統合（知覚推理）」「作動記憶（ワーキングメモリ）」「処理速度」**の四つがある。

この指数のばらつき方が、その子、その人の発達の偏りを示していると考えられている。検査をして、発達障害かどうかを疑う根拠として、まず全体的な指数（全検査IQ、いわゆるIQのこと）が、平均と比べてどのくらいの水準にあるかを見るとともに、四つの群指数に偏りがないかどうかが重要になる。

前者は、知的な障害があるかないかを判定する根拠となる。一方、四つの群指数のばらつきが強い場合には発達障害を疑うというのが、現在の一般的な認識である。

ただし、知能検査で大きな偏りがあるからといって、それだけで発達障害とは診断されない。診断はあくまで、幼いころから現在までの症状や生活での支障の大きさによって決定される。

つまり、発達検査では大きな偏りがあるのに、発達障害の診断基準には該当しないというケースもかなりの割合で存在する。グレーゾーンと判定されてしまうケースには、そうしたケースも少なからず含まれる。一方、発達障害の診断に該当する症状や困難を呈《てい》しているのに、発達検査では、あまり偏りがないというケースもある。

はたしてK君の検査をしてみると、言語理解という指標は平均を大きく上回っていたが、それ以外の指数はどれも平均より低く、言語理解と比べると20ポイント以上も低い値となっていた。

後の章で詳しく見ていくが、こうしたパターンの発達の凸凹は、アスペルガータイプの自閉スペクトラム症（ASD）でよく見られるものの一つだ。緊張の強さや腹痛などの身体症状も、ASDにともなう感覚過敏によるものと考えられる。

トラブルがないことからあまり問題視されなかったが、K君は、とても消極的で、非言語的コミュニケーションも乏しいといった課題があった。ASDによく見られる同じ行動パターンへの執着がそれほど強くないことも、グレーゾーンと診断された一因と思われるが、K君が日々の生活にかなりの困難を抱えていることは疑いなかった。

しかも、この数年の間にASDの傾向が次第に強まり、生活への支障も深刻化していたのだ。グレーゾーンというよりも、障害ゾーンに近づいてしまっていたのである。

様子を見ているだけだと、悪化する恐れも

多くのケースで言えることは、グレーゾーンと診断された場合、「障害ではないので安心していい」という意味ではないということだ。むしろ、これからの働きかけや取り組みによって大きな違いが生まれるため、しっかりサポートしていく必要があるのである。

医者や専門家がよく使う「様子を見ましょう」を、何もしないで手をこまねいているという意味に受けとると、せっかくのチャンスを逃してしまうことになる。幼い子どものケースほど、このことは重要だが、青年や成人のケースでも、障害ではないので何もしなくていいということではない。

ただ、残念なことに、子どもであれ大人であれ、グレーゾーン、つまり障害未満と判定されたケースに対して、医療機関はあまり積極的には対応しようとしないのが普通だ。「様子を見ましょう」ということで、終わってしまうことも多い。

しかし、子どものケースでは、**軽度な課題であっても、できるだけ早くから療育やトレーニングを行うことが、予後を改善することにつながる。**

重い自閉症と言われたケースでも、早期から集中的な療育を行うことによって、健常と変わらない状態にまで回復し、遅れていた発達を取り戻すケースもある。軽度なケースであれば、早くから適切な働きかけやトレーニングをすることで、弱い部分を強みに変えることさえ可能なのだ。

逆に、比較的軽度な問題であっても、「グレーゾーン」という言葉を障害ではないと受け止めてしまい、何の働きかけもせずに、自然の成り行きに任せていると、弱い部分はさらに弱くなって、ある時期から急に深刻な問題として表面化するということになりやすい。

幸運なめぐりあわせで、弱い部分が補われるという場合もないとは言えないが、多くの場合には、課題を放置しているだけでは、改善するどころか、徐々に悪化してしまう。苦手なことを避けようとしたり、失敗して自信を失ったり、あらぬ誤解やいじめを受けたり、不安や心の傷から二次的な障害を生じてしまったりして、問題が複雑化しやすいのだ。

K君の場合も、3歳児検診の際、療育をすすめられたときがチャンスだったが、「グレーゾーン」という診断を、問題がそこまで深刻でないと受け止めてしまったと言える。そうではなく、対応次第で将来が左右される状態だと認識し、すぐに療育などの対応をはじめていれば、その後のK君の発達や学校での適応も違ったものとなっていただろう。

「グレーゾーン」は決して様子を見ればいい状態ではなく、細やかな注意と適切なサポートが必要な状態で、それが与えられるかどうかが命運を左右するということを肝に銘じたい。

この生きづらさはどこから来るのか――大人のグレーゾーンの場合

では、もう少し年が上がったケースの場合ではどうだろうか。

青年や成人になるまで診断を受けることもなく過ごし、すっかり大きくなってから、ときには三十代、四十代になってから、日々の生活や人生がうまくいかない原因が、もしかして発達障害にあるのではないかと思い、医療機関を訪れるというケースが増えている。自分の生きづらさが、どこから来るのか。その答えを「発達障害」に求めようとするのである。

Uさんは、四十代の女性だ。教師の仕事にやりがいを感じている。数年前からは、特別支援教育にたずさわるようになった。そうしたなか、発達障害について学び、課題を抱えた子どもと接し、保護者の相談にも乗るなかで、自分にも同じような傾向があるのではないかと思うようになった。

Uさんは、うっかりしたミスが多く、傘やメガネといったものを、始終置き忘れてしまう。なくしたと思っていたら、誰かがUさんの机の上に届けてくれていたりする。自分の忘れもの癖がすっかり有名になっているのかと、そんなときはさすがに赤面してしまう。ないないと探し回っていたら、小脇に抱えていたということもある。

集中しはじめるとほかのことが目に入らなくなり、そんなときはあっという間に時間が経って、会議や面談の時間に間に合わなくなることもたびたびだ。

こういう症状は、不注意で忘れものばかりしている子どもたちとそっくりだと思い、自分も「ＡＤＨＤ」ではないかと思うようになったのである。

ただ、Uさんの悩みは、じつはそれだけではなかった。Uさんは、これまで何度か親しくなりかけた男性がいたが、接近してこられると、自分のことをこれ以上知られるのが怖くなって、急によそよそしくしてしまうのだ。甘えたり、自分をさらけ出したりすることがどうしてもできない。

その点、仕事のほうが安心だった。教師としての仮面の下に、見せたくない自分は隠しておけるし、それをさらけ出す必要もなかったからだ。心から人と打ち解けられず、何もかも一人で背負ってしまうところも、発達障害と何か関係があるのではないかと思うようになっていた。

実際に、Uさんにお会いしてみると、とても生真面目で、一生懸命な人柄が感じられた。ワーカホリックなところがあるとご自分でも認めるように、過労死ラインを慢性的に超えて、時間外労働をずっとしているという。他人の顔色や反応にも過敏で、自分のことよりも、他人のことを優先してしまう。

そうした傾向は、両親との関係がしばしば影響していることが多いため、育った家庭の状況などを聞いていくと、いつも家のなかが緊張状態にあり、横暴な父親がまた荒れないかと、びくびくしていたという。母親も父親の機嫌をとるばかりで、たとえUさんの言いぶんが正しくても、父親を怒らせたUさんが悪いことにされてしまう。父親が早くに亡くなったときには、悲しみよりも解放感のほうが大きかったという。

しかし、父親が亡くなってからも、不安定で、生活力のない母親と一家の経済を支えていくことが、Uさんの務めとなったのである。がむしゃらに努力して、勉強でも、仕事でもそれなりに認められてきた。その点では、自分でもよくやったと思えるのだが、ふと何のために自分はここまでがんばってきたのだろうかと思うことがある。

Uさんの場合、教師としての仕事や責任もきっちりと果たし、この二十年以上、大過なく過ごしているわけだから、障害レベルの発達障害を抱えている可能性は低いと言える。そもそも、ADHDと診断されるためには、12歳までに不注意や多動・衝動性の症状が始まっていなければいけないのだが、小学校時代からUさんは成績もよく、優等生と言っていい存在だったようだから、あまり当てはまりそうにない。

ただ、Uさん自身、不注意によるミスで悩んでおり、人生がうまくいっていないと感じているわけだから、何か問題がひそんでいるはずだ。

じつは、気を遣いすぎたり、びくびくおどおどしてしまう人のケースでは、多動や不注意と紛らわしいことが少なくない。また、被虐待的な環境で育った人では、大人になってから、ADHDのような症状が強まってくることがある。

実際、通常の発達検査では行われない愛着の検査を行うと、Uさんは、恐れ・回避型と呼ばれる不安定な愛着スタイルを抱えていることが判明した。恐れ・回避型は、傷つくのが怖くて、心を開いた親密な関係を避けてしまうタイプで、誰にも甘えられないというUさんの葛藤と密接に関係しているようだ。

こうしたことから、Uさんの場合、生まれもった遺伝要因によるADHDというよりも、子どものころの不安定な養育環境が、愛着障害（愛着トラウマ）を引き起こし、それがADHDに似た状態をもたらしているという構図が見えてきたのである。

こうした状態は、**発達性トラウマ障害**とも呼ばれ、安心感に欠けた不安定な環境で、虐待を受けながら育った人に見られやすく、ADHDとよく似た状態をともなうことも多い。

家族に認めてもらえないUさんは、人の何倍もがんばって第三者の評価を得ることで、心のバランスを保ってきたのだろう。それが、仕事中毒と言ってもいいほど、がんばりすぎてしまう働き方になり、慢性的な睡眠不足から、不注意によるミスが起きるということにもなっていた。

Uさんのケースも、発達障害という観点だけで見れば、診断に至らない「グレーゾーン」ということになるが、養育環境の影響や愛着の安定性といったことも視野に入れると、その人が抱えているもっとコアな問題が浮かび上がってくるのである。これはUさんに限ったことではなく、グレーゾーンのケースには少なくないのである。

本当のADHDよりも生きづらい疑似ADHD

数年前、ニュージーランドで行われた長期間にわたるコホート研究の結果が発表され、世界に衝撃を与えた。その結果は、**成人のADHDと、子どものADHDとは、かかっている人も、その症状の特徴も大きく異なる別なもの**で、成人のADHDの大部分は、本来の意味での発達障害ではないことを示していたからだ。

コホート研究は、因果関係を証明するうえでもっとも信頼性の高い研究法で、それだけに発達の専門家たちも驚愕したのである。専門家の多くは、子どものころADHDだった人が、大人のADHDになっていると信じていたからだ。

実際には、大人のADHDとされた人は、12歳ごろから症状が現れ、大人になってから症状が強まっていたのである。

この研究でわかったもう一つの重要なことは、大人のADHDは、本来のADHDに比べると神経学的な障害は軽度であるにもかかわらず、生きづらさや生活上で感じている困難は、本来のADHDをもった人よりも強いという事実である。

実際、さまざまなトラブルや困難に直面し、精神的にも病んでいる人の割合が高かった。障害としてはグレーゾーンだとしても、本人が味わっている苦労や大変さは、決して本来の発達障害に勝るとも劣らないのだ。

では、大人のADHDの場合、その実体は何だったのだろうか。

単純に一つの原因によるとは言えないのだが、そのうちのかなりの割合で、何らかの虐待を受けたり、親の否定的な養育態度にさらされながら育っていたり、安心を脅《おびや》かされ、過酷な体験をしているというケースが高率に見いだされるのだ。そうした要因が見当たらない人と比べると、ADHD（正確にはADHDと見分けのつかない疑似ADHD）を発症するリスクは数倍に達するのである。

グレーゾーンは愛着や心の傷を抱えたケースが多い

「境界ライン」の問題が、単なる境界ではないということを示すために、もう一つ例を挙げよう。

境界性パーソナリティ障害は、かつて精神病と神経症の境界にある状態と考えられ、「境界」という用語が用いられた。ところが、この何十年かで明らかになってきたのは、実際には、そのどちらとも異なる性質をもった別の障害で、生きづらさも治療の困難さも、どちらにも劣らない深刻なものだということだ。

近年ようやくわかってきたことだが、境界性パーソナリティ障害の正体は、愛着障害やそれにともなう複雑性トラウマ（一回の強い恐怖体験によるものではなく、比較的軽度のトラウマが続くことによって生じるタイプのトラウマ）によるものだったのだ。

同じように、発達障害のグレーゾーンも、単に症状レベルの違いというだけでなく、性質の異なる原因がひそんでいることも考えられるのである。生きづらさを抱え、自ら診断を求めてこられる人々には、ただ症状が軽いということでは説明がつかない何かがかかわっていると考えたほうが、納得がいくように思える。

グレーゾーンと呼ばれる状態には、発達障害の傾向をもつものの、幸運にも軽症であるというケースももちろんあるが、愛着障害やトラウマにより生じた、発達障害に類似した状態が少なからず含まれているのである。

単に症状が軽いというだけであれば、それほど深刻な生きづらさにはならず、発達特性をよく理解し、適切な対処なりトレーニングを施《ほどこ》すことで、さほど問題なく生活し、納得のいく人生を送ることもできる。

しかし、愛着障害や心の傷が絡んでいる場合には、症状が軽いからと言われても、慰めにも解決にもつながらない。**グレーゾーンを診断する場合には、愛着障害や心の傷が影を落としていないかに注意する必要があるし**、そうしたケースでは、その部分への手当てがなされないかぎり、その人が抱えている本当の困難や生きづらさを理解することも、改善することもできないのである。

その点をしっかり見分けるためにも、グレーゾーンの状態がそもそもどういうものであるかを、きちんと知っておく必要がある。

発達障害に似ているけど、診断に至らない

発達障害について広く認知されるようになり、インターネットなどにはそうした情報があふれていることもあって、一部の症状がご自身やお子さんに当てはまると感じて、発達障害かもしれないと思われる人も増えている。それで実際に医療機関を訪れて、診察や検査を受けるケースも急増している。その結果、発達障害の診断を受けることもある一方で、「グレーゾーン」だと言われて、診断には至らないケースが多くなっている。

障害レベルの状態を山の頂《いただき》に喩《たと》えれば、中腹から裾野の部分が「グレーゾーン」だとも言える。八合目以上を「障害レベル」とするとしても、六合目や七合目では、障害という診断には至らず、「グレーゾーン」とされてしまうわけだ。その割合は、山の頂よりも、裾野のほうが広いことからもおわかりいただけるように、「障害」と診断されるケースよりも、ずっと大きな割合を占めることになる。

たとえば、一番わかりやすい知的障害の場合で比べてみよう。

通常、知的障害と診断されるのが、IQが70未満の場合だ。その割合は、一般人口の2・2%である。ところが、知的障害のグレーゾーンである**境界知能**とされる人は、IQが70以上85未満（80未満とする場合もある）の人で、その割合は、一般人口の十数%近くにもなる。知的障害と認定される人の何倍もの人が、グレーゾーンに該当するわけだ。

自閉スペクトラム症やADHDといった状態も、症状の程度はさまざまな段階があるスペクトラム（連続体）と考えられている。障害レベルの人は一般人口の数%としても、特性や傾向のために生きづらさを感じている人は、その何倍もいることになる。より多くの人が該当するだけではない。さまざまな状態がそこには含まれることになる。たとえば、診断にはA、B、Cの三つの条件が必要な障害があるとしよう。グレーゾーンのケースでは、AとBのみ、BとCのみ、AとCのみという場合やA、B、Cのいずれか一つだけだが、その程度が強く、生活しづらいという場合も含まれる。それだけでも、六つのパターンが想定されるということであり、障害の中身はケースによってバリエーションが大きく、まったく別の障害と言っていいほど、状態や困難の中身も違ってくる。

さまざまなバリエーションは、その人の個性や特性と結びついている。それを生かすも殺すも、その中身をよく理解することが大事だが、診断名だけでは、ましてやグレーゾーンという言い方では、その中身に迫ることはできない。一つ一つの特性について理解を深めていくことで、必要な対処も見えてくるのである。

第2章

同じ行動を繰り返す人たち

こだわり症・執着症

一つの行動パターンに執着する

発達障害やその傾向をもった人にしばしば見られる特性に、一つの行動パターンへの執着やこだわりがある。それが邪魔されたり、想定外のことが起きたりすると、強いストレスを感じてしまう。また、同じ行動パターンやルーチンを繰り返すことを好み、それをしないと落ち着かないという人も多い。

ただ、通常、そうした症状だけでは、発達障害の診断には至らない。同じ行動パターンへのとらわれを一つの特徴とするものに**「自閉スペクトラム症（ASD）」**があるが、診断されるためには、この症状以外に、コミュニケーションや社会性の障害も認められる必要がある。強いこだわりで困っているという場合も、コミュニケーションや社会性の問題が軽度で、友だちともそれなりに会話やつき合いもできているという場合には、ASDの基準には当てはまらず、グレーゾーンと判定されることになる。

ただし、同じ行動パターンへのとらわれだけで診断できる障害もある。**常同運動障害**だ。常同運動障害は、同じ単純な行動を繰り返し続けることを特徴とするもので、ASDにともなって見られることが多いが、ASDの診断には至らなくても、生活に支障が強い場合には、常同運動障害として診断することができる。

それに対して、同じ行動パターンへのこだわりが強いといった症状だけでは、特性に過ぎないとされ、診断には至らない。

また、感覚過敏も、ASDに認められやすい症状だが、これだけでは、ASDにも、ASD以外の発達障害にも該当しない。

DSM（アメリカ精神医学会の精神障害の診断・統計マニュアル）の診断基準では、ASDと診断されるためには、社会的コミュニケーション障害と限局された反復的行動の二つが必要とされる。そして、「限局された反復的行動」の症状として、（1）常同運動、（2）同じ行動や思考への執着、（3）限局された対象への強い関心、（4）感覚過敏または鈍感さ、の四つが挙げられ、そのうち二つ以上の症状が存在するとき、該当すると判定される。

「限局された反復的行動」という言い方は言いにくいので、**「こだわり症」「執着症」**と呼ぶことにする。上記の四つの症状は、**自分が気にしていることへの強いこだわりとそれ以外に対する無関心**という点で、共通する特徴をもっている。

四つの症状は、複数が同居することも多く、共通する神経学的基盤をもつことが推定される。そのメカニズムは、まだ十分に解明されたとは言えないが、たとえば、前頭前野が損傷を受けると、同じことを繰り返す傾向や一つのことへのこだわりが強まり、切り替えが困難になることが知られており、前頭前野の機能低下が、こだわり症を生む一つの要因だと考えられる。

また、オキシトシンというホルモンやセロトニン、GABAという神経伝達物質の働きが悪くても、こだわりが強くなる。

ASDと診断されるためには、こだわり症と社会的コミュニケーション障害の両方が存在することが必要だが、現在のところ、こだわり症はやや軽視されていて、それだけでは発達障害としては診断の対象とならない。こだわり症だけが見られ、社会的コミュニケーション障害がそこまで強くない場合、常同運動障害と診断されないかぎりは、ASDのグレーゾーンということになる。

ただ、こだわりの強い状態は、ASD未満の状態として片づけられるべきものかというと、疑問が湧く。こだわりや執着の強いケースを見ると、社会的コミュニケーションの問題に劣らず、生きづらさの要因となっていることを感じさせるケースも少なくないからだ。

この章では、こだわり症（執着症）の特性や要因、病理、治療や対処について述べたいと思う。まずは、四つの症状について見ていこう。

1 常同運動

文字通り**同じパターンの運動や所作を繰り返し行う**ものだ。ＡＳＤのお子さんでは、ぴょんぴょん跳びはねる動作を繰り返したり、くるくる回り続けたり、決まった通りにものを並べたり、回転させたり、同じ叫び声を上げたり、ものを打ち鳴らしたりを飽くことなく繰り返すことがある。ときには、指の皮を毟《むし》るとか、唇を噛むとか、頭をぶつけるといった同じ自傷行為が繰り返されることもある。

軽症な人にも見られやすい症状として、部屋をぐるぐる歩き回ったり、繰り返し指を鳴らしたり、鉛筆を指で回す行為を繰り返したり、椅子を揺らしたりといったものがある。癖といっていいものから、緊張が高まったときにだけ出現するものもある。「紛らわし行動」として気もちの安定に役立っていることが多い。したがって、自傷や極度の多動をともなっている場合以外は、それ自体が問題視されることは少ない。

ただ、幼児が手もみをする動作を繰り返す場合には、注意が必要だ。レット症候群という障害の可能性があるからだ。レット症候群は、生後半年くらいまでは順調に発達していたのに、途中から自閉的な傾向や知的遅れが目立つようになる先天性の障害である。X染色体優性遺伝をするため女児に多いのも特徴だ。

常同運動が生じる病理メカニズムについては、まだ十分には解明されていないが、いくつかの要因が知られている。一つは、神経細胞の興奮を抑制するGABAという神経伝達物質の働きが弱いことによる場合だ。もう一つは、ビタミンDの不足により生じる場合で、この場合には、ビタミンD_3の補充療法が症状の改善に有効だと報告されている。ストレスや孤立といった環境要因も悪化にかかわっていることがわかっている。

ビル・ゲイツの有名な癖

代表撮影／ロイター／アフロ

マイクロソフトの創業者ビル・ゲイツ氏は、子どものころ、社会性の発達が遅れ気味で、母親はそのことを気にして、ゲイツ氏を一年遅らせて学校に入れようかと悩んだほどだった。百科事典が愛読書で知識は豊富だったが、友人とのコミュニケーションはあまり得意とは言えなかった。それでも、自分で事業を立ち上げ、世界的な企業にまで発展させた。

マイクロソフトが大企業になってからも、ビル・ゲイツ氏には、子どものころと変わらない一つの癖があった。それは、激しく椅子をロッキングする癖で、社内でも有名だった。思考に熱中すると、いっそう激しくなるのだった。

2 特定の行動・思考パターンへのこだわり

常同運動が、単純な身体的行動（声を出すなども含まれる）を繰り返すことを指すのに対して、特定の行動・思考パターンへの固執は、もう少し複雑な一続きの行動を繰り返すことへのこだわりを指す。**単なる行動パターンにとどまらず、柔軟性を欠いた、同じ考えや視点、融通が利かない思考にとらわれる**ことも含む。

決まった席に座って、毎回同じメニューを注文しないと調子が狂うと感じたり、細かい点まで決まった習慣を毎日繰り返したり、形式的な挨拶を馬鹿丁寧に繰り返したり、それが乱されるとひどく動揺したりする日常的なレベルの傾向から、一つの主義や思想に頑《かたく》なにとらわれてしまう傾向も同じ特性だと言える。

「こだわり」について中学生の保護者への調査

質問

お子さんはいつも通りのやり方や
細かいところにこだわりますか？

	回答数	構成比
(1)はい	82	5.8%
(2)どちらかというと、はい	399	28.4%
(3)どちらかというと、いいえ	565	40.2%
(4)いいえ	342	24.3%
無回答	18	1.3%
計	1406	100.0%

また、一度言い出すと、不利な点が明らかとなっても、なかなか考えを変えられなかったり、いつもと形式ややり方が変わるだけで受け入れられず、ストレスを感じたり混乱したりする。

こだわり症状はどれくらいの頻度で見られるのだろうか。日本での大規模な調査は少ないのだが、ある調査（魚住、2005）によると、中学生の保護者（回答者数、約1400名）に、お子さんは、いつも通りのやり方や細かいところにこだわるかどうかを質問したところ、「はい」と答えた人は5・8％にのぼった。軽度なものも含めると約三分の一に達した。このことからも、こだわり症はとても身近な問題だと言える。

決まった行動パターンへの固執は、より高次で、高尚な行動規範への執着として現れることも多い。規則やルールを守ることにこだわったり、決まった生活のパターンで暮らさないと落ち着かなかったり、仕事の生産性が低下したりという場合もある。自分のルールやペースを変えられるのが嫌で、結婚することや子どもをもつことに消極的になるという場合もある。

作家・村上春樹の場合

作家の村上春樹は、子どものころ、読書とピアノが趣味の、内向的な少年だったようだ。当時としては珍しい、一人っ子だったことも影響していたかもしれない。

といっても、学生時代は悪友と遊んだり、羽目を外したりというエピソードも伝えられているから、まったく人づき合いが苦手というわけではなかったと思われる。

一浪して入った早稲田大学で、奥様となる女性とも出会っている。奥様と二人でジャズ喫茶を立ち上げ、よく繁盛していたようだ。奥様の助けがあったとはいえ、経営者としてもそれなりの才覚があったのだろう。

その後、村上氏とともに文壇《ぶんだん》で活躍する作家たちも、その店を訪れていた。その一人、作家の中上健次は、そのときの印象を対談で語っている。

中上は、彼一流の辛口で、「あなたはほとんどお客と口をきかなかったんじゃない」と言い、それに対して村上は、「そんなことないですよ。もともとあまり口をきかないほうだけど、仕事だからあまりそういうのもまずいと思ってました。みんなすごく愛想悪いと言ってたけど、僕としては精一杯愛想よくしてたつもりなんだけど」と苦笑交じりに弁解している。

そうした言葉からは、村上に回避的なところがあったことが感じられるが、それは、美しい文章を生み出す繊細な感性と不可分な特性に違いない。

店を忙しく切り盛りする一方で、細切れの時間を見つけては原稿用紙に向かったようだ。ビジネスとして成功していても、村上のなかには、そこは本来の居場所ではなく、そこから脱出したいという願望もあったのだろうか。新人賞をとると、村上はあっさり店を人手に渡し、作家に専念する決断をするのだ。

もしビジネスにも色気を出したり、安全策として店を続けていたら、村上春樹の作家としてのその後も違っていたかもしれない。ある意味、不器用に一つの道を突き進んだことが、大きな成功につながったとも言えるだろう。

村上は、結婚は早かったが、子どもをもつことはなかった。そのことについて理由をたずねられて、村上は次のように答えている。

「うちは子どもをつくるほうがいいのかなと迷ってた時期もあるんだけど……、店をやってて余裕もなかったし、だからつくらないでいるうちに、僕と女房で生活していくというパターンというかスタイルがカチッとできちゃったから」

「とくにぼくみたいな仕事は、家のなかでぎりぎりで仕事してるでしょ。そうすると、子どもがいるとやっていける自信がなくなってくる。わりにスタイルをきちっと規定してやっちゃうタイプなんで、そこに新しいものが入り込んでくるのはなじめないですからね」

村上は自分の世界を守ることで、作品という純化され、完成された世界を生み出すことができたのだろうか。

正しさにこだわりすぎると…

自分のスタイルを大事にするということは、高い創造性や生産性につながると言えるが、自分のスタイルや価値観を周囲にまで求めすぎると、厄介な問題も起きる。

一番起きがちなことは、家族や周囲の人に注意をしたり、指導をしたりするというかたちで、周囲の行動を縛ってしまうことだ。口を開くと、子どもや配偶者のできていない点を怒ってばかりという場合にも、この傾向が疑われる。自分がこうあるべきという一つの行動規範へのこだわりが強く、少しでも違ったことをするのが許せず、指摘してしまうのだ。

相手が家族とはいえ、知らず知らず虐待や支配をしてしまい、子どもやパートナーが不安定な愛着で苦しんだり、ときには複雑性PTSD（比較的軽度だが持続的なトラウマにより生じる障害）のような状態になってしまうこともある。

「これ以上ママを苦しめないで」

Iさんは、三十代の女性で、仕事は公務員をしている。子どものころからまっすぐな性格で、理不尽なことには、それはおかしいと声を上げずにはいられないところがあった。勉強はよくできたものの、学校の先生からは面倒くさい生徒と見られていたかもしれない。

親も、あまり愛情を表に出さない人で、優しく甘えたり、褒《ほ》めてもらった記憶はほとんどないが、成績がよいことは認めてもらっていた。それが自分としても自信となっていたし、何ごともひといちばい努力することで、成し遂げてきたという自負があった。夫となった人は、Ｉさんとは対照的に自分に自信のない人で、収入も不安定だったが、どこか放っておけないところがあり、Ｉさんが支えていけばいいと思っていっしょになったのだ。しかし、子どもができたころから、Ｉさんの負担は増える一方で、どうして私ばかりがこんな目に遭わないといけないのと思うことも増えた。

そして、気がついたら、朝から晩まで夫やわが子のすることなすことに、不満や非難を浴びせていたのである。Ｉさんとしては、自分が味わえなかった温かい家庭を築いていきたいと思っていたのに、どうしてこんなことになっているのだろうと思いながら、それでも黙っていられないのだ。

夫もまだ小さい子どもも、マイペースで雑なタイプで、こうしてほしいと言っているのに、毎回違うことをしてくれる。そのたびに、Ｉさんは金切り声を上げてしまう。Ｉさんのなかのルールと違うことをされることが、Ｉさんにとってはとてもストレスになるのだ。

Ｉさんには、自分が家族のために身を粉《こ》にして献身しているという思いがあるだけに、何の努力もしようとしない夫やわが子に対して怒りが湧いてくる。「これ以上ママを苦しめないで」というのが口癖になっていた。Ｉさんは疲れ切って、クリニックに助けを求めてきたのである。

その後、Ｉさんは、認知行動療法を受け、相手の特性や気もちを無視して、自分のルール通りに動いてくれることを相手に期待していたことを自覚するようになった。また、よかったことよりも、悪い点にばかり目を向けて、そこにばかり不満を感じてしまう自分の傾向にも気づいた。

そして、相手の問題というかたちで不満をぶつけてしまっているが、それは自分自身の特性の問題でもあり、相手を変えようとするよりも、自分の受け止め方を変えたほうが楽になるだけでなく、相手もよい方向に変化しやすいということにも気づいたのである。

正義感が強すぎる場合

相手が家族であれば、家族が辛抱してくれて、何とかなっているということは多いが、攻撃の矛先《ほこさき》が外の人に向きはじめると、社会生活に支障が出たり、ときには大きなトラブルに発展してしまうこともある。

正義感が強すぎて、相手が上司だろうが役所だろうが、噛みついて疎《うと》まれてしまうというのもありがちなことだ。妥協したり、大目に見たりということができず、言うと面倒なことになると薄々わかっていても、つい言ってしまい、案の定、周囲とギクシャクすることになる。

ドラマや映画の主人公は大抵そんな性格の人で、困難を顧《かえり》みずに巨悪と戦うことになるのだが、現実の世界でそうすることは、人生を過酷なものにしてしまう。

研究者人生の「コペルニクス的転回」

五十代の男性Uさんは、研究者として長年キャリアを積み重ね、大学でもそれなりの地位を得てきた。

Uさんは、一つのことに熱中すると、寝食も忘れてそのことに没頭し、成果が出るまでやり続ける。対人関係にも積極的で、自分から気軽に声をかけ、友人や同僚とも、また後輩の大学院生や若手の研究者とも飲みに出かけたりもして、会話や社交もそれなりに楽しんできた。

ポスドクの後輩の就職の口を世話したり、悩みごとの相談にも乗ったりと、面倒見がいいと自他ともに認める存在だった。同じ研究者だった女性を口説き落とし、妻に迎えることができたのも、Uさんの情熱的な行動力の賜《たまもの》だったと言えるだろう。

そんなUさんだが、その人生は、必ずしも順風満帆《じゅんぷうまんぱん》とはいかなかった。その原因は、Uさんの正義感の強さにあった。

大学の研究室には、教授を頂点としたヒエラルキーがあり、教授の言うことは絶対で、理不尽なことも多い世界だった。まだ若手だったころから、Uさんは、古くさい慣習や教授の胸先三寸で評価や人事が決まってしまう一貫性のない対応に、納得がいかないものを感じることが多かった。

とはいえ、最初のうちは下っ端だということもあり、我慢して従うしかなかったが、研究業績を上げ、それなりに認められるようになると、Uさんは次第に誰かれかまわず、正論をぶつけていくようになった。

そんなUさんを、教授は次第に鬱陶《うっとう》しがるようになり、Uさんも引くに引けなくなり、結局、研究室に居づらくなって、ほかの研究室や大学に移るということを何度か繰り返してきた。幸い、Uさんの能力や業績を評価してくれる人が救いの手を伸ばしてくれ、研究を続けることができたのだが、また何年かすると、自分を救ってくれた相手ともギクシャクするようになってしまうのだ。

それまでUさんは、無責任で、道理に欠けたことを平気でする周囲の人たちのほうに問題があると思っていた。こうした理不尽な世界を放置して、見て見ぬふりをしている多くの人に対しても義憤《ぎふん》を感じ、自分だけでも声を上げねばならないと感じてきたのだ。

しかし、同じことが何度も繰り返され、自分のがんばりと見合わない評価しか得られていない現実を前に、自分のほうにも問題があるのではないか、もしかすると、最近よく耳にする「発達障害」が自分にもあって、無用の衝突を招いているのではないかと考えるようになったのである。

太陽が動いていると思っていた世界観を、じつは地球が動いていたという世界観に逆転させた「コペルニクス的転回」に、Uさんは研究者としての客観的な視点で自分を振り返ることで、自らたどり着こうとしていたのだ。

Uさんの場合、話が一方的になりやすかったり、相手の気もちよりも自分の思いしか見えなかったりするところはあるものの、コミュニケーション能力に長《た》けている面や、リーダーシップをとってチームをまとめていく能力もあり、社会的コミュニケーションに障害レベルの問題があるとまでは言えなかった。

また、幼いころから発達もよく、感覚過敏や同一の行動を繰り返す傾向、不器用さといったことも、あまり見られなかった。

その一方で、自分の興味に没頭し、ほかのことが眼中になくなってしまうという点や、自分の行動規範や基準にとらわれ、ほかの人の行動や考えが受け入れられないところがあるという点では、ASD（自閉スペクトラム症）の特性が当てはまっていた。

こうしたケースもグレーゾーンということになるが、Uさんが今後同じ失敗を繰り返さないためにも、自分の特性をきちんと理解し、対策をとっていくことが必要だ。Uさんの「こだわり症」は、どのように理解したらよいのだろうか。

執着気質と強迫性パーソナリティ障害

特定の行動規範や思考・感情への執着という特性は、精神医学者の下田光造がかつて「執着気質」と呼んだものに通じる。

執着気質とは、「仕事熱心、凝り性、徹底的、正直、几帳面、強い正義感、ごまかしやずぼらができない」ことを特徴とする性格で、下田はそのメカニズムとして、この気質の人では、ある感情にとらわれると、それが切り換えられずに、持続しやすいことによると考えた。同じことへの執着は、言い換えれば、切り替えが苦手だということだ。

下田は執着気質を躁うつ病の病前性格として提唱した。このタイプの人では、不眠不休でがんばる時期と、疲れ果てて落ち込む時期が入れ替わる。躁うつ病とはいかないまでも、ものごとがうまくいき上り調子のときと、疲労や不満がたまり、トラブルが増え、何もかもが行き詰まるときとで、波が認められることが多い。

先ほどのUさんの場合も、その傾向が見られた。また、執着気質は、躁うつ傾向のある方だけでなく、うつ病になりやすい性格でもしばしば見られるタイプである。

近年一般に使われるパーソナリティ障害の分類でいくと、執着気質は、**強迫性パーソナリティ障害**というものに近いと言える。

強迫性パーソナリティ障害とは、責任感や義務感が強く、「〜すべきである」という自分の規範にとらわれ、それを柔軟に変更したり、緩めたりすることができないタイプだ。融通が利かず、いったん決めたことやルールを杓子定規《しゃくしじょうぎ》に守ろうとする。そうした性格傾向をもつものの、障害レベルではない場合は、強迫性パーソナリティ・スタイルとか、単に強迫性パーソナリティと呼ばれる。

執着気質も、強迫性パーソナリティ障害も、義務や責任、規範にとらわれ、それを変えられず、保持しようとする点で共通している。その根底には、特定の行動・思考への執着というこだわり症（執着症）があると言えるだろう。

こうした自身の特性とうまくつき合って、メリットの部分を生かし、デメリットの部分を最小化するためには、まず自身の特性を自覚することが大切である。振り返るための記録をつけたり、カウンセリングや認知行動療法で、受け止め方や対処の仕方を変えていくことに取り組むのも有効な方法だ。

自分の特性を客観視することができるようになれば、同じ失敗パターンを避けることもできるようになる。

3 特定の対象への強い執着

こだわりには、もう一つ種類の異なるタイプがある。それは、「彼は車にはこだわりがある」という場合のこだわりだ。ほかの人が関心を払わないような細かな違いを重視したりする。このタイプのこだわりは、同じことを繰り返そうとするのとは違い、「細部へのこだわり」とか「限定された領域への強い関心」と呼ばれる。

こだわる部分には異常なまでに注意を払い、小さな違いも見逃さないのだが、それ以外の点には無関心になって、まったく目を向けようとしないのも特徴である。

一つのことへの特別な関心という特性が、科学や学問の進歩を生み出し、人類の発展を可能にしたとも言える。ノーベル賞受賞者となった科学者の伝記や自伝を読むと、幼いころから彼らの多くが、ある対象に特別な関心を抱き、それに熱中して過ごしたことが描かれている。

化学実験や電気回路、天体観測やアマチュア無線、昆虫や岩石を採取することに熱中した人もいる。ノーベル化学賞を受賞した福井謙一氏は、子どものころ、昆虫採集に熱中したが、それ以外にも、鉱物や郵便切手、マッチのラベルまで、何でも集めるのが大好きだった。

『裸のサル』などの著作で世界的に有名な、動物行動学者のデズモンド・モリスは、子どものころから生きものを飼うことに熱中し、家中の水槽や池には、トカゲやカエルやヘビがうようよいて、爬虫類が苦手な母親は生きた心地もしなかったが、息子の関心を邪魔しないように、やりたいようにさせていた。

子どものころの興味が、そのまま大人になっても変わりなく続くということはむしろ稀で、成長とともに興味の対象は変わっていくが、特定の分野への深い情熱と激しい好奇心は、彼らに共通する一つの特性のようだ。

そうした有利な面をもつ特性と、障害の兆候としての特性をどこで区別するのかについて疑問に思われる方もいらっしゃるだろうが、両者は基本的に区別されない。メリットとデメリットはつねに表裏一体の関係にある。

この特性も、自閉スペクトラム症の診断項目の一つだが、これだけがあっても、自閉スペクトラム症とは診断されない。これだけなら、健全な個性だとも言えるからだ。

先述の調査（44ページ参照）で、「興味のある特定のテーマについて知識が豊富である」と答えた中学生の保護者の割合は、約二割にものぼっている。子どもが一つのことに関心を深めることは、とても有益な面が多いと言える。

ただ、新たな創造や発見の原動力ともなるこの特性が、ときには、日々の生活を過酷なものとし、健康を脅かすこともある。

電車マニアの青年の場合

ある青年は、子どものころから電車に特別な関心をもっていた。電車に関する本だけでなく、電鉄会社が毎月発行しているパンフレットやイベントの冊子をすべて保存し、さらには、電車に関係する番組やニュースをすべてチェックして録画し、それをDVDに焼いて保管してきた。

そうした作業を二十年近くも続けた結果、収集された膨大なコレクションは、自分の部屋を埋め尽くしただけでは足りず、自宅とは別に部屋を借りて保管用に使っている状況だ。ほとんど一度も見返したこともないのだが、いまさら捨てることも、記録を止めることもできず、増え続けるコレクションを維持するために、膨大な時間と費用をつぎ込んでいる。

家族が何度か、コレクションを整理して、半分くらいに減らしたらと言ったことがあったが、たちまち顔色が変わり、いつもは穏やかな青年が激高して大声を上げるという事態を招いてしまった。以来、そのことは禁句になり、家族も何も言わずに我慢している状況である。

多汗症の男性の場合

別の男性は、思春期ごろから人前に出ると緊張が強まり、多汗症で悩むようになった。汗を気にして、人前に出ることを避けるようになり、結局、就職もしないままに、自宅でニート状態になっていた。そんな男性の唯一の楽しみは、機械をいじることだった。子どものころから機械いじりが好きで、高校生のころには、集めてきたバイクや車のエンジンや部品が、家中にあふれるようになっていた。

三十代も半ばになったとき、一念発起してクリニックを受診、緊張を和らげる治療や認知行動療法を受けはじめた。多汗症や社交不安の症状は改善し、以前より活動的になり、車やバイク好きの集まりに顔を出したりするようにもなった。

しかし、親からは働いていないことをなじられることも多く、彼自身も働きたいと思うのだが、面接の当日になると、どうしても行けない。そんなとき、知人から車の部品を加工する仕事を頼まれた。細かい作業が必要な仕事で、彼の腕を見込んでの依頼だった。

彼は躊躇したが、ぜひやってみたらとの担当医のすすめもあり、勇気を出して、仕事を引き受けることにした。着実な仕事ぶりに、どんどん依頼が来るようになり、働きに出るよりよい収入になる月もある。自営業のつねで、すっかり安定した収入とは言えないが、長年の趣味を仕事につなげることができたのである。以前より自信を取り戻している。

言語理解が高い人はこだわりやすい

こだわりの強さとか執着傾向といったものは、なかなか数量的に把握するのが難しいと言える。何か目安になる指標はないのだろうか。

筆者が注目しているのは、発達検査で調べることができる「言語理解」と「知覚統合(知覚推理)」の比率だ。言語理解が高く、それに比べて知覚統合(知覚推理)が低い傾向があると、自閉スペクトラム指数(AQ)のなかの、「注意の切り換え」の困難さを示すスコアが高い傾向を示す。その相関は0・4程度と、強い相関とまではいかないが、ある程度の結びつきを示している。

「智に働けば角が立つ」は夏目漱石の名句だが、理屈に長けているものの、全体の状況が見えていないと、自分の視点にばかりとらわれやすくなるのかもしれない。もちろん、これは全体的な傾向に過ぎないが、日々の臨床でも、こだわりが強い人は言葉で考える傾向が強く、また全体よりも部分に注意がいってしまうようだ。

とらわれから脱出するためには?

逆に言えば、こだわりすぎるのを脱するためには、言葉で考えすぎるのをやめて、**イメージや身体感覚を活性化したり楽しんだりする取り組みを増やすとよい**ようだ。

また、部分にとらわれすぎず、全体に目を注ぐよう心がけ、視点の切り替えを練習することも役に立つ。自分がいまいる状況から少しずつフォーカスアウトし、五メートル上から、さらには、空の上から、さらには、遠い別の星から自分の状況を眺めてみるように視点を動かしていく。こうした操作を訓練するメンタライゼーション・トレーニングも有効であるし、また、マインドフルネスや瞑想も、とらわれからの脱出に役立つ。

自分のなかのとらわれを自覚するとともに、それと結びついた自動思考を、より害のない、適応を高めるものに変えていく認知行動療法も有効である。ただし、専門家でない人が、その人のとらわれやこだわりを指摘して、変えさせようとすることは逆効果で、その人を追い詰め、爆発やパニックを引き起こしかねない。むしろ、惑星の運行と同じような自然の摂理だと受け止め、逆らわないほうが安全である。

過敏さととらわれが結びついているような場合には、過敏さを軽減する薬が生活しやすくするのに役立つことも多い。依存性のある抗不安薬などの使用は避け、適切な薬剤を少量から使うことがポイントである。

トラウマに起因するとらわれ

ASDの診断基準にはないが、とらわれには、じつはもう一つ別のタイプがある。それは、「固着」と呼ばれるものだ。**固着は、脳が敏感な特別な時期に、何らかの強い興奮や印象を受けることで生じるとされる執着現象**だ。

母親に対する愛着といった現象も、広い意味では固着と言えるかもしれない。臨界期と呼ばれる乳児期に、母親から世話を受けることで、特別な絆が生まれるわけだ。逆に、虐待やネグレクトを受けた場合には、愛着の形成がうまくいかないだけでなく、ネガティブな印象が恐怖や嫌悪といっしょになって、人間に対する強い警戒心や拒否反応を植えつけてしまう。

固着は、快感や心地よい体験によっても培われるが、恐怖や欲求不満といったネガティブな体験によっても刻み込まれる。いわゆるトラウマで、一回の強い恐怖体験によって刻み込まれるものがよく知られてきたが、近年注目されているのは、**比較的軽度のトラウマが続くことによって生じる「複雑性」**と呼ばれるタイプだ。

トラウマを回避しようとしているのに、トラウマ記憶が勝手に侵入し、襲いかかってくるフラッシュバック症状に苦しむ場合と、トラウマとなっていることにとらわれ続け、心的エネルギーをすり減らしてしまう場合がある。

前者のパターンが一般的なＰＴＳＤの症状だが、愛着トラウマと呼ばれる、親やパートナーとの不安定な愛着に苦しむケースでは、後者のように、そのことにとらわれ続けることが多い。トラウマが生じた状況をネガティブな感情とともに引きずり続けることで、トラウマが一過性に終わらず、持続的なダメージを生じる大きな要因になっている。

幼いころ満たされなかった欲求へのとらわれ

もう一つ精神病理的に重要なのは、**幼い発達段階への「固着」**と呼ばれるもので、ある発達段階において、満たしてもらえなかった欲求や不充足感がいつまでも残り、それにとらわれ続ける現象だ。

過剰な承認欲求や自己顕示性など、その人を知らず知らず突き動かしている不充足感や憧れといったものは、しばしば満たされなかった欲求への固着が原動力となっていることが多い。これも、その人のこだわりであり、とらわれ、執着だと言える。

トラウマへの固着にしろ、幼い発達段階への固着にしろ、それは過去に起きたことに執着しているという共通点がある。どちらも、過去を引きずることで、前に進みにくくなっている。前に進むためには、トラウマや過去の不充足を解消し、とらわれを解除する必要がある。

このように、こだわり（執着）にも、大別すると、同じことを繰り返すことや細部への執着と、過去の傷や不足への執着があると言える。前者を同一性へのこだわり、後者を外傷性のこだわりと呼ぶことにする。

遺伝要因や器質要因の強い脳の障害では、同一性へのこだわりが強まりやすく、その程度を評価することは、どの程度生物学的な要因が関与しているかを知る目安となるだろう。一方、外傷性のこだわりの程度は、心理社会的要因の影響を知るうえで、重要なバロメーターだと言える。

グレーゾーンの状態にも、さまざまな場合がある。概して、障害と診断されるレベルの発達障害に比べると、グレーゾーンでは、同一性へのこだわりの程度が軽い。

その一方で、外傷性のこだわりは、本来は、発達障害とは別の要因によって起きている（発達障害があるがゆえに二次的に傷つけられることは往々にしてあるが）ので、発達障害の有無に関係なく生じる。外傷性のこだわりがあると、社会適応や対人関係に支障を生じやすいにもかかわらず、外傷性のこだわりだけでは、発達障害という診断には至りにくく、せいぜいグレーゾーンということになる。そのため、グレーゾーンとされる人のなかに、外傷性のこだわりに苦しんでいる人が少なからずいると考えられる。

もちろん、両者が併存する場合には、いっそう同じ傷にとらわれやすくなる。

外傷性のとらわれがある場合には、自然の経過に任せていたのでは、改善が難しく、生活への支障が長引きやすい。トラウマ処理に習熟した医師や心理士による手当てが必要になる。

持続的な虐待や支配、いじめなどによって生じた愛着トラウマは、通常のＰＴＳＤ

で有効なEMDR（眼球運動による脱感作と再処理療法）といったトラウマ処理の方法が奏功しにくい。一方、安全感を確保したうえで、語りや表現を積み重ねながら、自分の人生に起きた出来事を再統合していく取り組みは、多くのケースで有効である。

こだわり症と強迫性障害

発達障害のこだわり症が、子どものころから始まっている特性であるのに対して、思春期・青年期以降に、こだわり症状がより強まったかたちで表われてくるのが**強迫性障害**だ。

強迫性障害（強迫症）は、自分でする必要がないとわかっている行動（強迫行動）を繰り返さずにいられなかったり、自分でもあり得ないと思っている考えや心配（強迫観念）にとらわれ続けたりするものだ。こうした症状のため、日常生活に時間がかかって支障が出ることも多く、強迫性緩慢と呼ばれる。

強迫行動としては、手を洗い続けたり、カギやガスの元栓を何度も確かめたり、決まった順番でものごとをしないと気が済まなかったり、外出から帰ると、すべての衣服を着替えないと部屋に入れなかったりといったものがよく見られる。潔癖症や不潔恐怖と結びついた強迫行動は、非常に多いものの一つだ。

それ以外には、自分がしてはいけないことをしてしまうのではないかという不安にとらわれることも、頻度の高い症状である。赤ん坊やペットを誤って殺してしまうのではないかとか、車で人をひいてしまったのではないかと心配になったり、自分が間違ったメールを送ってしまったのではないかとか、大事な書類を捨ててしまったのではないかとゴミ箱を何度もチェックしたりというケースもある。不潔恐怖と並んで、過失や他害への恐怖は、しばしば見られるものだ。

いずれもその根底には、不安や恐怖があり、確認や同じ行動を繰り返すことによって、安心を得ようとしている。

強迫性障害には、認知行動療法やSSRI（選択的セロトニン再取り込み阻害薬）などによる薬物療法が有効だ。

第3章

空気が読めない人たち

社会的コミュニケーション障害

ＫＹだけでは、発達障害と診断されない

空気が読めない状態を、俗に「ＫＹ」と呼んだりするのも、発達障害についての知識が流布《るふ》したことと不可分《ふかぶん》だろう。空気が読めないとは、非言語的サインや周囲の状況から意図や気もちを読みとるのが苦手ということであり、それは医学的に言うと、社会的コミュニケーションに課題があるということだ。

「社会的コミュニケーション障害」は、言葉のやりとりや非言語的なサインを通して、言外の意味やニュアンスを察しながら、その場にふさわしい会話を交わし、気もちや意図や情報を共有することがスムーズにできない状態で、まさに「ＫＹ」と呼ばれているような状態に相当する。

社会的コミュニケーション障害を示す発達障害の代表が「自閉スペクトラム症（ＡＳＤ）」だが、先に見たように、社会的コミュニケーション障害だけでは、自閉スペクトラム症とは診断されない。診断のためには、限局された反復的行動というもう一つの症状に該当する必要がある。限局された反復的行動が見られない場合には、ＡＳＤのグレーゾーンということになるわけだ。

ただ、近年、社会的コミュニケーション障害も、独立した神経発達障害の一つとみなされるようになり、今後、KYだけでも、発達障害と診断されるケースが増えるかもしれない。成人の有病率はデータがないが、児童における社会的コミュニケーション障害の有病率は8%前後と推定されている。自閉スペクトラム症の有病率が1～数%であるのに対して、かなり頻度が高い障害だと言える。

個性なのか障害なのか

しかし、いまのところ、「社会的コミュニケーション障害」という診断名はあまり普及しておらず、現実に臨床場面で、この診断がなされることは稀だ。診断には至らず、グレーゾーンという位置づけになりやすい状態だと言える。

なぜだろうか。発達障害の診断で、専門家がとくに注意を払ってきたのが、**自閉症**の発見だったという事情もあるだろう。自閉症は、早期に発見し、十分な療育をできるだけ早くから行うことで、予後を大幅に改善することができる。だが、軽度なケースほど気づかれにくく、青年期以降になってようやく診断されることも多い。

自閉症かどうかということへの関心が強かったため、診断基準を一部だけ満たす状態については、どちらかというと軽視される嫌いがあった。診断基準を十分満たさないものはグレーゾーンということになり、様子を見ることも多かったと言える。

しかし、いくつかの症状がそろえば「障害」で、そのうち一つだけ症状があるときには「障害ではない」という診断法には限界がある。一つの症状でも生活に深刻な支障をきたすこともあるだろうし、逆に複数の症状があっても、いずれも軽度であるという場合もあるからだ。

社会的コミュニケーションの困難だけで発達障害と診断することに、あまり積極的でなかったもう一つの理由として、そうしたケースがあまりにも多くなってしまうということがある。一割近い人が該当する状態は、はたして障害なのか、それとも、得手不得手という特性なのかという問題が出てくるわけだ。単に苦手だという状態と、障害だと認定する状態の間で線引きをするのは難しい。

さらに性差の問題もある。性差はかつてほど絶対的なものではなくなってきたが、それでも、発生段階における男性ホルモンのテストステロンの影響により、脳には機能的のみならず構造的な違いが認められ、男性は女性よりも社会的コミュニケーションが苦手な傾向がある。

そうした観点に立つと、社会的コミュニケーションの優劣に個体差があるのは、障害のためというよりは、集団内のバリエーションを確保するためとも考えられる。それは、個性と呼ぶべき特性の違いに過ぎず、極度な困難がある状態を除けば、障害とみなすのは慎重であるべきだということになるだろう。

「コミュ障(コミュニケーション障害)」についての誤解

「コミュ障」といった言葉が、コミュニケーションや人づき合いが苦手な人を指して、気軽に用いられている場面にも出会う。ただ、その用いられ方は正確ではなく、かなり差別的なニュアンスも感じられる。

本来の**「コミュニケーション障害」とは、言語的、非言語的コミュニケーションに障害がある状態**(ただし、自閉スペクトラム症やほかの精神疾患、器質性疾患、薬物などの影響によるものを除く)を指す用語で、そのなかには、吃音《きつおん》や言葉をうまく使いこなせない言語障害、うまく発音できない語音障害なども含まれる。それに対して、いわゆる「コミュ障」という言葉が指しているのは、正確には「社会的コミュニケーション障害」の状態だと言える。

こうした用語が乱用される状況は、社会が、社会的コミュニケーションの障害に対して、温かい理解をもつようになっているというよりも、冷たく厳しい目を向けがちだということを示しているようにも思える。

ところが、社会的コミュニケーションの障害を抱えていても、それだけでは「障害」ではなく「グレーゾーン」だとされてしまうことも実際に起きるわけで（自閉スペクトラム症の診断基準には該当しないという意味で）、現実に困っている人は戸惑ってしまう。

社会的コミュニケーションの能力は、対人関係を上手にやりこなし、信頼できる支援者や協力者を獲得し、社会でうまくやっていくためにも、また、いっしょに家庭を築いていくパートナーを手に入れ、うまくやっていくためにも非常に重要だ。

実際、社会的コミュニケーションの各能力は、欲求不満耐性やEQよりも、社会適応や幸福度と高い相関を示す。忍耐し、自分をコントロールする力よりも、人の表情を読みとったり、自分の意図や気もちを言葉だけでなく表情や態度で示す能力のほうが、世渡りには大事だということだ。障害かどうかということ以上に、社会的コミュニケーションの困難についての認知と理解が深まることが今後必要だろう。

言語能力が高くてもコミュニケーション能力が高いとは限らない

社会的コミュニケーションにおいては、相互性がとても重要になる。相手の反応に応じてやりとりをすることが求められるのだ。そこで大事なのは言語的なやりとりだけでなく、非言語的なやりとりである。言葉だけでは伝えられない微妙なニュアンスを、表情や目の動き、身振り、声のトーンといったもので表す。それを正確に読みとることで、相手の気もちや意図がわかるのだ。

言語をいくら流暢《りゅうちょう》に、円滑に使うことができても、いくら難しい言葉や言い回しを知っていても、社会的コミュニケーションの能力には必ずしも直結しない。言語の能力は低くても、社会的コミュニケーションの能力が豊かな人もいる一方で、言語的能力は高いにもかかわらず、社会的コミュニケーションの能力に深刻な欠陥が見られる場合もある。

社会的コミュニケーションの能力とは、平たくいうと、人に慣れ親しむ能力である。懐いていったり、いっしょに何かをしようとしたり、同じような気もちになったりする能力だ。社会的コミュニケーションの能力に障害がある状態の代表が、自閉スペクトラム症だが、それ以外にもこうした傾向を示す状態はある。

その一つが、かつてサイコパスなどと呼ばれたこともある**反社会性パーソナリティ障害**だ。また、**回避型愛着スタイル**を抱える人でも、比較的軽度だが、人に慣れ親しむのを好まない傾向が見られる。

社会的コミュニケーションの能力には、愛着システムがかかわっていると考えられる。自閉スペクトラム症の場合には、遺伝子レベルで愛着を支えるオキシトシン系がうまく働かなくなっていることが、少なくとも一部で報告されている。また、妊娠中に早産を防ぐためにオキシトシン受容体拮抗薬を投与された場合、自閉スペクトラム症のリスクが上がることも報告されている。

一方、反社会性パーソナリティ障害では、遺伝要因とともに環境要因の影響が大きいとされる。また、近年、急増している回避型愛着スタイルの場合には、養育環境の要因が大きい。

ちなみに、自閉スペクトラム症の社会的コミュニケーション障害と、社会的コミュニケーション障害とは、厳密に言うと、定義上同じではない。

自閉スペクトラム症の社会的コミュニケーション障害には、対人的、情緒的相互性の障害という要件が含まれていて、その場にふさわしい会話をすることが難しいだけでなく、人と関心や気もちを共有したり、人に近づいていって人と関わりをもとうとすること自体が困難だということも含まれる。

それに対して、社会的コミュニケーション障害は、あくまでコミュニケーションの能力、スキルの障害である。区別しやすいように、こちらは「語用論的コミュニケーション障害」と呼ばれることもある。実用的コミュニケーションの障害という意味だ。自閉スペクトラム症の社会的コミュニケーション障害は認められないのに、社会的（語用論的）コミュニケーションに障害があるという人は結構いる。それなりに社交的で、人と交流をもち、友人と意気投合したり、いっしょに楽しんだりするけれども、どこか言葉遣いや口の利き方が適切でなかったり、微妙なニュアンスが伝わらなかったりするという場合だ。

こうしたケースは、人と相互的な関わりをもつことはできるので、自閉スペクトラム症の社会的コミュニケーション障害には該当しないものの、語用論的な社会的コミュニケーション障害があると考えられる。こうしたケースも、多くの場合にはグレーゾーンと判定されることになる。

声が大きすぎる人

破鐘《われがね》のような耳障りな声でしゃべる人や、必要以上に大きな声を出し、そばにいるのが苦痛になる人が身近にいないだろうか。声の抑揚が単調でのっぺりしていたり、ぶっきらぼうで聞いていて心地よくないという場合もある。

発音が不明瞭であるとか、吃音があるというわけではないので、障害の兆候とみなされることはあまりないが、じつは、こうした微妙な声の調節能力の問題は、繊細な気もちを読みとったり、細やかな気配りをしたり、その場にふさわしいやりとりをしたりする能力の課題を示していることが多い。

声の大きさを適切にコントロールしたり、微妙な抑揚によって、言葉に陰影《いんえい》をつけたりする能力は、社会的コミュニケーションの能力と密接な関係がある。朗読や歌唱、演劇的な表現力は、こうした能力と一部関係している。ただし、形式化された表現によって、そうした能力の問題がカモフラージュされる場合もある。

つまり、名優や歌姫が必ずしも、社会的コミュニケーションが得意とは限らないのだ。とはいえ、相手が不快になるほど大きな声でしゃべったり、ぶっきらぼうなしゃべり方や棒読みになってしまったりする場合、本人は自覚しにくいが、社会的なコミュニケーションに課題があることが多いと言える。

ASDの社会的コミュニケーション障害とは？

一方、自閉スペクトラム症にともなう社会的コミュニケーション障害では、相互的な関係をもつことの困難も含めて、以下の三つの基準で診断を行う。

①相互の対人的 - 情緒的関係の欠落

対人関係とは相互的なものだが、その相互的な関わりが欠落していたり、うまく働かないということだ。たとえば、相手のタイミングを見て、人に接近し、話しかけたり、会話を交わしながら、関心や気もちを共有したりすることができない。

自分から話しかけられないとか、雑談が苦手ということも多いが、逆に相手のタイミングに関係なく近づきすぎたり、一方的に話をしたりすることもよくある。自分のしたい話はするけれども、相手の答えに対してはスルーしてしまい、何の反応も返さないという場合もある。

障害を疑う特徴的な兆候が、一般人口の何％くらいに認められる状態かを知っておくことは、その特異性のレベルを推測する助けとなる。先述の調査（44ページ参照）によると、「とても消極的で、人と接するのは苦手である」に該当すると答えた中学生の保護者の割合は、2・8％だった。ASDの有病率が1〜数％であることから、この傾向が強い場合には、ASDを疑う兆候と言えるだろう。

しかし、やや消極的で、人と接するのがやや苦手というレベルでは、30・3％もの保護者が当てはまると答えており、程度がどのくらいであるかということが重要になる。

また、「いっしょに遊ぶ友だちがいない」と答えた保護者の割合が3・0％、「いっしょに遊ぶ友だちが一人いる」と答えた割合が3・9％だった。友だちがいないという状態は、相互の対人的–情緒的関係の障害を疑ううえで、特異性の高い兆候だと考えられる。

② 非言語的コミュニケーションの障害

社会的コミュニケーションにおいては、言語的コミュニケーションに劣らず非言語的コミュニケーションの能力が重視される。

表情やアイコンタクト、身振りや手振り、声の抑揚などが乏しいことや、うまく用いられないことも、非言語的コミュニケーションの障害を示す。表情が固く、乏しいとか、ぶっきらぼうで、声の抑揚が乏しかったり不自然だったりする。身振りや目配せで何か伝えようとしても、なかなか伝わらないとか、こちらが嫌な顔をしているのに、気づかずに話し続けるといったかたちでも表れる。

人と目が合わない

非言語的コミュニケーションの障害に気づく特徴的な症状で、診断においても重要なのが、目が合わず、アイコンタクトが乏しいということだ。アイコンタクトの乏しさは、ASDの重要な生物学的マーカー（診断のための客観的な指標）だと考えられている。

先の調査によると、「話すときあまり目を合わせない」と答えた割合は2・5%、どちらかというと、その傾向があると答えた割合は13・2%だった。

一方、「その場の空気や相手の気もちを読むのが苦手」と答えた保護者の割合は、6・8%だった。KYの特徴も、その傾向が強い場合には、社会的コミュニケーション障害の存在を示唆すると言えるかもしれないが、目が合わないという傾向のほうが、より特異性が高いものだと考えられる。

③社会的スキルの障害

社会的スキルの障害は、その場にふさわしい行動、言動を行えなかったり、相手の立場や気もちに配慮した話し方をすることができないというかたちで表れる。

子どものころであれば、友だちと仲よくなることやうまく遊ぶというところでつまずきやすい。ごっこ遊びについていけなかったり、自分のルールにこだわり、相手に合わせられなかったりする。同年代の子と遊ぶよりも、年下か年長の人と遊ぶことを好む傾向も見られる。

年齢が上がると、言葉遣いや話題が適切でなく、相手から違和感をもたれたり、趣味が同じ友人とは話せても、それ以外の人とは、何を話していいかわからなかったりする。また、相手のタイミングや気もちに関係なく接近しようとして、嫌がられたり、言外の意味や皮肉がわからず、嘲笑《ちょうしょう》をかってしまうこともある。

③の社会的スキルの障害には、①の相互的関係の障害や、②の非言語的コミュニ

ケーションの障害も、当然かかわってくる。③でとくに問題になる能力としては、①②以外に、社会的想像力や心の理論（相手の立場に立って意図や気もちを理解する能力）、社会的常識などが挙げられる。

前述の調査で、「一方的にしゃべったり、場違いな発言や行動をしてしまうことがある」に該当すると答えた保護者の割合は3・7％で、これも重要な識別点だと言えるだろう。また、「冗談や皮肉を真面目に受けとってしまうところがある」に該当すると答えた保護者の割合は5・7％だった。これも、その傾向が強いときには、社会的コミュニケーション障害を疑うポイントだと言える。

お気づきの方もいらっしゃるかもしれないが、社会的スキルの障害には、しばしばこだわり症がかかわっていることがある。自分のルールや思いへのこだわりが強いために、対人スキルに困難を生じてしまうということは多いのだ。

こだわり症が社会的コミュニケーション障害を引き起こしている場合は、ある意味、ASDの条件がそろっているようにも見える。

だが、その場合でも、社会的相互性や非言語的コミュニケーションにあまり問題がないという場合には、ASDの診断には該当せず、グレーゾーンということになる。

たとえば、前章の研究者のケースのような場合だ。この一例からもわかるように、グレーゾーンには、適応の問題を起こすリスクが高い状態が含まれることになる。

軽度でも複数の症状が当てはまるときは…

ＡＳＤの社会的コミュニケーションの障害に該当するためには、三つの特徴的な症状が、いずれも認められる必要がある。どの程度当てはまれば、該当すると判定するのかは、実際微妙な場合もあるわけだが、その傾向がたとえ軽度であっても、見逃さないことが重要になる。

というのも、たとえば前述の調査の質問項目で考えた場合、「やや該当する」であっても、それがいくつも該当する場合には、そうしたことが偶然起きる確率はかなり低くなり、社会的コミュニケーションに困難が存在することが示唆されるからだ。ただ、症状が軽度であるため、障害とは判定されにくく、グレーゾーンにとどまりやすいとも言える。

また、グレーゾーンと判定されるケースは、どの症状も軽度にしか当てはまらないという場合とともに、一部の症状は当てはまるが、ほかの症状がまったく当てはまらないという場合もある。こうしたケースが、しばしば見逃されやすく、紛らわしいケースだと言える。

話は面白いし、積極的だが、人の気もちがわからない

J子さんは、夫のMさんのことで、悩んでいる。Mさんは、積極的に自分から話しかけたり、相手を誘ったりして、社会性の面がむしろ優れているように思っていたのだが、結婚していっしょになってみると、自分の話をしたり、知識や情報を並べて面白おかしくしゃべるのは得意で、それなりに楽しいものの、こちらの話をあまり聞いてくれず、たまに聞いてくれても、ろくに感想も言わずに、別の話をし出したりしてしまうのだ。

J子さんは、この一、二年ほど、気もちが塞《ふさ》ぎ込み、体の不調を感じることも多くなり、心療内科で診てもらったところ、**カサンドラ症候群**による心身症だと言われたのである。

パートナーに自分の気もちを汲みとってもらったり、共感してもらったりすることができず、次第にストレスや欲求不満をためてしまい、心身の不調をきたすカサンド

ラ症候群が、近年急増している。パートナーの理解と協力がないと、離婚を考えるところまで追い詰められることも少なくない。

それにしても、夫のMさんは社交的なタイプに思えたのだが、どうしてこんなことになったのだろうか。

積極性や表面的な社交性のため、相互的、共感的なコミュニケーションの欠陥（相互の対人的－情緒的関係の欠落）がカモフラージュされてしまったのである。相互的、共感的コミュニケーションの問題を見極めるには、会話の量ではなく質を見なければならない。気もちよく言葉のキャッチボールができるかをまずチェックしてほしい。「～はどうですか」といったさりげない言葉を投げかけると、相互的、共感的コミュニケーションの能力に問題がない人は、その話題について話しながら、相手にも話を投げ返してくる。逆に、相互の対人的－情緒的関係に困難がある場合は、こちらの話題もいつのまにか相手の話題になり、独演会のようになってしまいがちだ。

人とのちょうどいい距離感がつかめない

ＡＳＤの診断には至らないものの、本人が困っているというケースで多いのは、相互の対人的－情緒的な関係も可能で、非言語的コミュニケーションにあまり問題が目立たず、社会的スキルの障害のみが見られるというケースだ。

難しい場面にならなければ、ボロを出すこともなく、周囲も問題に気づかないのだが、少し難易度の高い社会的場面になると、話のもっていき方がぎこちなくなったり、適切な話題が見つからず言葉につまったりする。仕事のやり方がわからず、上司に聞きたいのだが、どのタイミングで話しかければいいかがわからず、なかなか聞けなかったり、タイミングを間違って上司の機嫌を損ねてしまったりする。

電話の受け答えも、言葉遣いが適切でなかったり、言い回しがぎこちなかったり、話を聞き落としたりして、クレームにつながることもある。

社会的スキルの高い低いは、メールや手紙の文面にも表れる。社会的スキルの低い人では、形式的な挨拶を書くのが精一杯で、気の利いた時候の挨拶や相手を気遣うような言い回しがほとんどなく、いきなり自分の言いたいことや用件だけを書くことが多い。敬語の使い方もどこかぎこちなく、格式張りすぎるか、馴れ馴れしすぎるか、どちらかになってしまいがちだ。ちょうどよい距離感で表現するということができないため、読んだほうは、微妙な違和感を覚えてしまうのだ。

ただ、こうしたスキルの問題は、大部分はトレーニングによって改善できる。とくに仕事に関係する部分については改善しやすい。問題は、どうしても気が緩んでしまう家族とのコミュニケーションやプライベートの関係だ。ふとした拍子に、相手の立場に立った共感や配慮を忘れてしまい、相手の逆鱗《げきりん》に触れてケンカが絶えなかったり、冷ややかな関係になってしまったりする。

コミュニケーション能力はあるのに人づき合いを避けてしまう人

もう一つ、グレーゾーンと判定されるケースで多いのは、コミュニケーション能力自体は問題がないのに何となく人づき合いを避けたり、自分からは会話をしないというケースだ。また、コミュニケーションはとっていても、心から親しみを感じたり、気を許したりということがなく、表面的な関係から進展しないというケースもある。

先述したように、自閉スペクトラム症の社会的コミュニケーションの障害の一つに、「相互の対人的－情緒的関係の欠落」という項目がある。これは言い換えると、人と親しくなり、心を通い合わせることの障害だと言える。この障害が一番わかりやすいかたちで表れるのが、友だちができにくかったり、友だちがいないということだ。

しかし、この要件は、自閉スペクトラム症の二つの要件（こだわり症と社会的コミュニケーション障害）のうちの一つに含まれる、三つある症状の一つに過ぎない。この症状が認められたからといって、自閉スペクトラム症と診断されるわけではないのだ。ほかの要件が満たされなければ、該当せずということになる。

心を許した友だちなどいなくても、そつなく言葉を交わし、社会人として問題なく振る舞える人もたくさんいる。彼らは、ＡＳＤどころか、社会的コミュニケーション障害さえない。しかし、他者と親しくなり、気もちを共有するという能力が欠落しているか、低下している。コミュニケーション能力自体は備わっているのに、人と親しまないのはどうしてだろうか。

人と親しめない「非社会性タイプ」と「回避性タイプ」

親しい交わりを避けるという場合には、大きく二つの場合が考えられる。一つは、**非社会性**という傾向をもつ場合で、もう一つは**回避性**という傾向をもつ場合だ。

非社会性のタイプには、対人交流よりも孤独を好むという傾向があり、それは人と交わることに喜びを感じにくいためだと考えられる。その代表が、**シゾイドパーソナ**

リティ（障害）で、根っから孤独好きなタイプだ。

それと、似ていて少し異なるのが、**回避型愛着スタイル**である。シゾイドパーソナリティ障害はASDがベースにあると考えられ、生得的要素が強いのに対して、回避型愛着スタイルは、ネグレクトや、温かい情愛の欠けた、または、過度に干渉的な養育環境で育ったことが要因として大きいとされる。

つまり、ASDのグレーゾーンというよりも、原因が異なる別のものである。回避型愛着スタイルは人の愛情や関わりを求めないことで、バランスをとっている。他人を必要とせず、自分だけで満足できるので、孤独でも安定している。逆に言えば、このタイプと心が通った関係をもとうとしても、本人は求めていないので、すれ違いになりやすい。シゾイドパーソナリティ障害の場合には、情感や表情も乏しく、冷たく無関心な傾向が目立つが、回避型愛着スタイルでは、そこまで冷たい印象ではなく、一見社交的な雰囲気を醸し出している場合もある。

しかし、つき合いはじめると、距離がなかなか縮まらず、プライベートなつき合いに至らなかったり、つき合い出しても、一向に親密度が深まらないことも多い。結婚とか、家庭をもつことにも消極的だ。基本、誰にも縛られない、マイペースな生き方を好む。異性を、性的欲求を満たすためだけの道具のようにみなしている場合と、性的関心そのものが乏しく、恋人関係や夫婦関係になっても、ほとんど性的交渉をもたない場合もある。

もう一つの回避性のタイプ（回避型愛着スタイルとは異なるので、注意）は、本当は社交や親密な関係を求めているけれども、笑われたり、拒絶されたりするのが怖くて、自分から行動を起こせないタイプだ。正確には、**回避性パーソナリティ（障害）**と呼ばれる。

こちらは、心の奥底では求めているので、親密な関係になるまでのハードルは高いものの、いったん親密になると、相手に依存することも多い。回避性パーソナリティの場合、ベースにある愛着スタイルとしては、回避型ではなく、恐れ・回避型愛着スタイルが多いのも特徴だ。

世界中で急増中の「回避型愛着スタイル」とは？

ヨーロッパのある研究では、若年成人の三割が回避型愛着スタイルを示したとの報告がある。その割合は増加傾向で、日本でも三割程度の大学生が回避型愛着スタイルに該当したというデータもある。その比率は、さらに高まり続けていると考えたほうがよさそうだ。回避型愛着スタイルがASDと見紛われるケースも多い。ASDが大幅に増えている一因として、回避型愛着スタイルの子どもや大人を、ASDと診断してしまっている可能性がある。

回避型愛着スタイルは幼いころからの関わりによって、予防できると考えられる。できるだけ応答を活発にし、子どもの反応に、親や周囲の大人が豊かに反応することで、安定型の愛着を育むことを助けられるのだ。成人となってしまった場合には、改善は難しくなるが、まったく不可能というわけではない。共感性や応答性の豊かな人が近くにいて、共感的な応答を活発に返すことで、愛着スタイルは徐々に変化し得る。専門の心理士が行うトレーニング・プログラムもある。

ただ、回避型愛着スタイルは、冷たくなる一方の世界に順応していくための結果であるとも考えられ、本人もあまり困っていない場合には、そもそも改善する必要があるのかということになる。回避型愛着スタイルのほうが、明らかに悩みや苦しみは少なくて済むからだ。困るのは、本人というよりも、たまたまその人を好きになった恋人や、パートナーとなってしまった配偶者ということが多いのである。

第4章

イメージできない人たち

ＡＳＤタイプと文系脳タイプ

知覚統合――イメージで考える能力

代表的なウェクスラー式の発達検査を受けると、全体的なIQだけでなく、言語理解、知覚統合（知覚推理という言い方も使われる）、作動記憶（ワーキングメモリ。作業や動作に必要な情報を一時的に記憶・処理する能力）、処理速度という四つの能力の指数がわかる。

このうち、言語を介さない視覚的な情報を扱う能力の指標である**知覚統合**は、図形や地図を理解したり、パズルを組み合わせたり、規則性を見つけたりする能力に関係している。単に視空間的な情報処理をする能力というわけではなく、視覚的な情報と意味を結びつける能力、シンボルやパターンから意味や規則性を読みとる能力である。

さらには、目の前にないものをイメージ化、図式化し、それによって推論や思考を行う能力でもある。たとえば、物理的な現象や複雑な数学の問題を図で表すことで理解し、答えを導き出す能力にも密接に関係している。

数式と図形が結びついた概念である関数や微分積分のような高度な数学の理解にも、不可欠な能力だ。最たるものは、理論物理学で、実験的には確かめられない現象を、イマジネーションの力で思い描き、理論を組み立てていく。

相対性理論を提唱したアインシュタインが、20世紀最大の天才としてもてはやされたことは、20世紀が知覚統合の能力を重視し、それに畏敬の念を抱いた時代だったことを示しているだろう。その傾向は、21世紀になってもますます強まっているようだ。

イメージできる能力はコミュニケーション能力にも影響する

知覚統合が低いと、図形や物理的な思考が苦手になりやすいが、知覚統合は単に数学や物理の成績に影響するだけではない。知覚統合は、場の状況や暗黙の意味に気づくためにも重要な能力である。知覚統合が弱いと、周囲の状況や言外の意味を読みとったり、語られない意図を察知したり、状況判断したりすることが難しくなる。

意外なことに、聞きとりやコミュニケーション能力にも関係している。ワーキングメモリも言語理解も平均より優れているのに、聞きとりや読解が弱いという人が少なからずいるが、そうした場合、知覚統合が低いことが多い。

知覚統合は、視覚的なサインから意味を読みとる能力でもある。知覚統合が弱いと、相手の出している身振り手振りといったサインを的確に読みとれない。「それ、あっちに置いといて」と指示されたとき、言葉からだけでは、何をどこに置けばいいかわからない。相手が出した身体的サイン（目の動きや手振り、顎のしゃくり方など）から、状況や意図を察しないといけないが、知覚統合が弱いと、そこを見落としてしまう。

さらに込み入った内容になると、正確に聞きとるためには、相手がどういう状況を伝えようとしているのか、イメージする能力が重要になってくる。

「父は酒飲みで、借金ばかりつくったひどい人だったと、娘が旦那に言っているのを、おれは聞いてしまった」という一節を理解するためには、おれ＝娘の父親という関係を把握する必要がある。そのためには、単に言語的な能力というよりも、図式化したりイメージ化したりする能力の助けが必要だ。複雑なことほど、知覚統合の能力がなければ、その内容を正確に聞きとることは難しいのである。

言うまでもなく言語理解が弱いと、言葉自体を知らないとか、その意味を理解できないため、聞きとりに支障が出てしまう。

ものごとを客観視し、俯瞰することができない

ものごとを図式化して考える知覚統合の能力は、ものごとのベースにある構造や関

係を把握する能力でもある。したがって、知覚統合が弱いと、細かな一つ一つの事実にとらわれすぎて、全体の構図が見えてこない。主観的な視点にとらわれてしまい、客観的にものごとを俯瞰《ふかん》するということが難しくなる。

実際、対人関係の悩みを訴えて、クリニックの外来を訪れる人で調べてみると、ほかの能力に比べて、知覚統合が低い人が、かなりの割合を占める。

診察やカウンセリングの場面でも、知覚統合の弱い人は、自分の不満や嘆きにとらわれ続け、その背景にある問題に気づきにくいのだ。自分の視点を離れて、事態を客観視することが苦手なため、本当の問題がどこにあるかが見えにくく、同じ嘆きを繰り返すだけになりがちである。

実際、社会適応との相関の強さで見ると、処理速度に次いで、知覚統合が適応を左右しているという結果も見られる。

知覚統合に問題がある代表的な二つのケース

知覚統合が低いという場合にも、問題の出方は人によって異なり、大きく二つのタイプがあると言える。一つは、知覚統合の低下と共感性の低下の両方がある場合であり、もう一つは、知覚統合は低いけれども、共感性には問題がない場合だ。

前者の代表がＡＳＤ（自閉スペクトラム症）の傾向をもつ場合である。図形や高度な数学、物理や工作が苦手なだけでなく、状況判断や場の空気を読んだりするのも苦手だ。

一方、後者のタイプは、図形や地図、工作は苦手で、折り紙の折り方や家具の組み立て方を説明した図を見てもよくわからないし、ものごとを感情的にとらえすぎるため客観視が苦手だが、場の空気を読んだり、表情から相手の気もちを察したりすることは問題なくできる。女性脳とかＥタイプ（共感タイプ）と呼ばれるタイプだと言える。

言語・記憶が強いＡＳＤタイプ（アスペルガータイプ）

前者の共感性も低下しているタイプは、**言語や記憶が強いＡＳＤタイプで**、アスペルガータイプとしても知られている。なお、アスペルガータイプには、次の章で見るように、知覚統合が優れたタイプもある。

このタイプの人にもバリエーションがあって、過敏で、緊張が強く、自閉傾向が強いタイプが多いが、よくしゃべり、一見社交的で知識も豊富なものの、会話が一方的になりやすく、場の空気や相手の反応、状況を読みとるのが苦手なタイプも見られる。

フランツ・カフカの場合

Hulton Archive／gettyimages

『変身』の作者、フランツ・カフカは、学生時代、とても無口で目立たない生徒だった。同級生は、いつもクラスの仲間から離れたところにいたカフカのことを回想して、「いつもガラスの向こうにいるような」と表現している。

たった一人、カフカのことを理解してくれる友人がいた。彼とカフカは二人とも優等生だったが、数学が苦手だったカフカの成績は次第に下がってしまった。カフカは手先が不器用で、大学では化学を専攻したものの、実験に手を焼き、専攻を法学に変更せざるを得なかった。

大学を卒業したカフカは、最初に保険会社に就職したがなじめず、すぐに転職を考えるようになり、労働者傷害保険協会に就職口を見つけた。刺激のない、退屈な職場だったが、作家を目指していたカフカにとっては打ってつけの仕事だったようだ。決まり切った業務だけ繰り返せばよかったので、残りのエネルギーを創作活動に充《あ》てることができたのである。

伝えられる多くのエピソードは、カフカが内向的で、ルーチンワークを好み、ASD傾向をもっていたことを推測させる。カフカは、語学は得意だったが、数学が苦手で、不器用だったので、言語・記憶優位なタイプだったと考えられる。保険協会の書記官の仕事は、適職だったと言える。

カフカが作家として成功するのは、彼が結核で亡くなった後のことだ。友人だったマックス・ブロートが、彼の作品を世に広めようと尽力《じんりょく》したお陰だった。カフカは数少ない友人しかもたなかったが、その絆は深いものだった。

成績優秀なのに、就職で苦労した青年

Fさんは真面目な努力家で、学生時代はずっと成績優秀だった。国立大学の経済学部に進学して、前途洋々かと思われていた。ところが、就職では、思わぬ苦戦を強いられることになる。志望する大手企業を次々と落とされてしまったのだ。

思い当たる原因はというと、就職試験で行われるSPIの非言語分野がどうも苦手なのと、面接での手応えがいま一つないことだった。やっと中堅企業の営業職で採用

されたが、体育会系の雰囲気になじめず、いじられるのが嫌になって半年で辞めてしまった。その後も、二、三か所、転々としたがどれもうまくいかず、自分が発達障害ではないかと思うようになり、相談にやってきたのだ。

検査の結果、全体には優秀であるにもかかわらず、知覚統合だけが平均を下回っていることがわかった。就職試験でよく使われる適性検査のSPIは、単なる知識や公式だけでは解けない問題が含まれ、地頭のよさを評価するとも言われるが、Fさんはそういう問題ほど苦手だった。

その類《たぐ》いの問題は、学習を積み重ねれば成績を上げられる学力試験と違って、ベースにある思考力を測定しようとする。その意味で、知能検査に似ている。SPIには、学力検査の要素もあるため、知能検査と学力検査の中間に位置すると言えるだろう。Fさんが、SPIの非言語領域がとくに苦手だったのは、推論や閃《ひらめ》きとも関係する知覚統合が弱いことに起因していたと考えられる。

その後、Fさんは、不動産管理や簿記の資格を取得し、ビルを管理する会社に就職した。管理や会計の仕事は、月単位で同じ業務を繰り返し、また、毎年決算月には、同じ処理を行う。推論や閃きの力が弱くても、経験と反復によって、着実に業務をこなす能力は上がっていった。

一回きりの状況に臨機応変に対処することは苦手でも、経験と知識を積んで、さまざまな場面への対応を覚えていくことで、安定した対処能力を示し、周囲からも信頼される存在となったのだ。

Fさんは、瞬間的な閃き力には強みがなかったが、こつこつ知識を積み重ねる反復と蓄積が、その不足を補ったのである。

四十代で職業選択の間違いに気づいた女性

理容師のIさんは、四十代の女性である。実家が理容店だったこともあり、二十代から理容師として働いてきたが、この仕事が自分には向いていないのではないかと感じることが増えていた。

一つは、技術的な問題で、もう熟練している年齢のはずが、不器用なところがあり、いまだに自信がもてないのだ。もう一つは、お客さんとのコミュニケーションで、若いころは大目に見られていたことも、そこそこの歳になると、うまく相手ができないことで、お客が離れていってしまうこともあった。

発達障害ではないかと思うようになり、検査を受けることになったのである。調べてみると、言語理解や処理速度は平均を上回っているのだが、知覚統合が80台と低く、作動記憶もやや低い傾向があった。

ただ、日常的な社会的コミュニケーションに大きな支障があるわけではなく、また、感覚過敏な傾向は認められるものの、同一の行動パターンへのとらわれもあまり目立たないことから、自閉スペクトラム症（ASD）の診断には至らず、グレーゾーンということになった。

しかし、ASDの傾向は軽度ながらあり、高いコミュニケーションスキルが必要な状況でうまく対応できず、また、高度な熟練に達するには、不器用な傾向が足を引っ張ってしまっていた。

職業選択が、Iさんの特性とぴったりではなかったのだ。実家の仕事を継ごうとしたことが、裏目に出てしまったと言える。こうしたケースも、努力の積み重ねによってハンディを克服する場合もあるが、うまくいかないことが重なって、Iさんのように自信を失い、悪循環に陥ってしまうこともある。

Iさんは、介護施設に入所している高齢者の理容の仕事をするという道を選ぶことで、活躍の場を確保しようとした。技術的な問題やコミュニケーションの問題も、そうした現場であれば、要求水準も下がるので、妥当な選択だと言える。

地図や図形が苦手な言語・聴覚タイプ

知覚統合が低いもう一つのタイプは、知覚統合は弱いものの、共感性やコミュニケーションには問題ないケースだ。このタイプは、逆に言えば、言語理解や聴覚性のワーキングメモリが優れていることから、**言語・聴覚タイプ**とも呼ばれる。

数学や物理、図形や地図が苦手で、ものごとを論理的に組み立てることもあまり得意ではない。文系脳と言ってもよいかもしれない。

似て非なるタイプに、先ほど出てきた言語・記憶タイプがある。こちらは、知識は豊富で、興味のあることならいくらでもしゃべれるものの、共感的なコミュニケーションはあまり得意でないタイプだ。知識や語彙は豊富で、理屈っぽい話は得意だが、咄嗟《とっさ》の状況判断や実際の行動は不器用で、せっかくのアイデアも机上の空論に終わりがちだ。

一方、言語・聴覚タイプは、地図や図形は苦手だが、言葉やコミュニケーションの能力に長けたタイプだとも言える。共感やコミュニケーションが得意な特性は女性に多く見られることから、「女性脳」と呼ばれることもある。

胎児期に、精巣から分泌される男性ホルモン・テストステロンのシャワーを浴びて育つ男性と、精巣をもたないため、テストステロンを浴びることもない女性では、脳の発達に違いが生まれる。

女性脳は、共感や会話的コミュニケーションが得意なのに対して、男性脳は、ものごとをシステムで考えることや視覚・空間的認知が得意な傾向がある。

しかし、実際には、男性、女性で単純に割り切れるわけではなく、女性でも共感より抽象的な思考が得意な人もいれば、男性でも、言語・聴覚系のほうが優れている人もいる。遺伝要因も関係するし、胎生期のテストステロンの分泌は、母親が受けたストレスによっても左右される。また、男性と競争を強いられる環境にいる女性では、女性であるにもかかわらずテストステロンの分泌が高まっていることも知られている。

つまり、母親が受けるストレスや置かれた環境等の条件によって、生まれてくる男の子が女性脳の傾向をもったり、女の子が男性脳の傾向をもつことも起こり得るわけだ。

知覚統合を男性と女性で比べると、ある程度大きな集団で見た場合、男性と女性で統計学的な有意差は報告されていない。つまり、全体で見ると、男性にも女性にも知覚統合が優れた人と苦手な人が同じくらいの割合でいるということになる。そう考えると、地図や図形が苦手な女性脳というのも、ある種の思い込みなのかもしれない。

知覚統合を鍛えるには？

知覚統合を鍛えるには、幼いうちからブロック玩具やパズルに親しむことが有効である。将棋やオセロ、ボードゲーム、パズルゲームも、知覚統合を駆使する遊びだ。

数学が得意な人に話を聞くと、パズル的な遊びや将棋に熱中していたということが多い。鶏《にわとり》が先か卵が先かはわからないが、将棋やパズルが好きな子どもは、大抵数学が得意だ。もともと得意な面もあるのだろうが、練習を重ねるなかで、将棋も数学もさらに強くなるのだろう。

将棋や囲碁は、知覚統合の戦いのゲームといっても過言ではない。相手の動きを読み、それに対処する方法を頭のなかで、駒や碁石を動かしながら考えるわけだ。詰め将棋の問題を解いたりすることも、知覚統合を鍛えるのに最適な課題と言えるだろう。

数学者の岡潔《おかきよし》は、子どものころ、将棋ではなく、箱庭遊びに熱中していた。箱庭といってもかなり大がかりなものだったようだが、世界を箱のなかにミニチュアサイズで再現する遊びは、知覚統合を鍛えるのに大いに役立ち、彼が数学者となるうえでの土台を育《はぐく》んだのかもしれない。

私の友人に、東大で物理を専攻したあと、東大医学部に入り直して、医者になった男がいるが、彼は子どものころ、鉄道の路線図ばかり描いて遊んでいたそうだ。好きな遊びのなかで知覚統合を鍛えるというのが、理想なのかもしれない。

また、日ごろから行える訓練として、文章や聞きとった話を、図式化して整理する作業を行うことも挙げられる。こうした取り組みは、学校でノートをとったり、ノートを整理したりする作業にほかならない。この基本的な作業がとても重要なのだ。

東大生のノートといったことが話題になったりするが、実際、優秀な生徒は、講義を聴きながら、見事なノートをとることができる。

私はまったく講義に出ない派で、どちらかというと、優秀な学生がとった見事なノートをコピーさせてもらって、それを試験直前に眺めるというようなことをしていたので、残念ながら、見事なノートをとる能力は身につかなかった。いまから考えると、もったいないことをしたと思う。

講義を聴きながら、それを視覚化して整理するという訓練をもっと積み重ねておけば、より緻密な思考ができるようになっていたかもしれないし、もっと相手の話を正確に聞きとれる能力も身についたかもしれない。

第5章

共感するのが苦手な人たち

理系脳タイプとSタイプ

知覚統合が強い人たち——理系脳とASD

前章では、知覚統合が弱いタイプの人について見てきたが、世のなかには、まったく逆で知覚統合が突出して強いタイプの人もいる。

知覚統合は、ものごとを図式化し分析する能力や、状況を判断し、変化や未来を予測し、損害を避け、有利な選択をする能力でもあり、また、ものごとを客観的に達観して、冷静な判断をする能力にも通じている。数学や物理の能力のベースにある能力だが、哲学者や文学者にも、意外に優れた知覚統合が推測される人もいる。

イギリスの作家で、『息子と恋人』などの傑作を遺したD・H・ロレンスは、貧しい労働者階級の出身だったため、奨学金をもらってハイスクールに進んだが、彼がそこで優秀賞をとったのは、国語（英語）ではなく数学だった。ロレンスの文章は、細密な絵画のような自然描写でも卓越《たくえつ》していたが、その優れた描写力は、彼のイメージする力と無縁ではないだろう。

作家の安部公房は、中学高校時代、数学が得意科目で、ドストエフスキーを愛読するとともに、高木貞治の『解析概論』を読み耽《ふけ》っていたという。安部は、フッサールの現象学にも傾倒し、彼の文学の手法の根底には現象学の考え方があった。東大医学部に進むも、医者にならず、文学者の道を選んだのは、彼の関心が、生身の人間よりも、もっと抽象的な概念やその土台にある構造にあったからだろうか。

もっとも、数学が苦手な文学者や作家のほうが、もっとたくさんいるのは言うまでもない。

優れた知覚統合は、客観化や図式化の能力によって、複雑な現実の状況を前にしても、冷静に最適解を導き出し、賢く対処することを助ける。

ただ、知覚統合が優れている人も、いいことばかりというわけにはいかない。知覚統合が高い人は、客観視の力によって、些細なことや感情的なことで悩まない傾向はあるのだが、何ごとも行きすぎると弊害が生じる。

客観視ばかりで、共感やコミットメント（関与）が不足して、いかにも他人ごとという冷ややかな態度が見え見えだったり、分析して説明してくれるものの、自分のことは自分でやってという突き放した姿勢で、優しさが欠けていたりするのだ。

システム思考のSタイプ

知覚統合は、パターンや規則性を見つけ出して推理したり、新しいものを構成したりする能力にかかわる。地図を読むといったことも、単に視覚的な認知の能力というよりは、視覚情報が表している意味を読みとる能力だと言える。

さらには、ものごとの根底にある構造を見抜き、その構造から世界を理解し、目の前の見えない現象を推測することを可能にする。つまり、現象をその根底にあるシステムから理解する能力だとも言える。

自閉症研究の世界的な第一人者の一人であるバロン＝コーエンは、人間の脳には、**共感（empathy）を得意とするEタイプ**と、**システム（system）思考を得意とするSタイプ**があり、自閉症は極端なSタイプで、共感が極度に苦手であると考えた。

コーエンによると、ルールや同一性へのこだわりも、システムで考えるのを好み、同じ規則を求めようとするためだということになる。

システム思考を好み、ものごとを一つのルールや法則で理解したがる傾向は、グレーゾーンから健常レベルの人に至るまで、Sタイプに属する人たちの重要な特徴と言えるだろう。

ジェフ・ベゾスの場合

AP／アフロ

アマゾンの創業者であるジェフ・ベゾスは、いまや世界一のビリオネアだが、その生い立ちは、波乱に富んだものだった。

じつの父親はサーカスの団員で、一輪車乗りを得意技としていた。高校時代の後輩で、まだ16歳だった女性とつき合う仲になり、妊娠して生まれたのがベゾスだった。

しかし、父親の仕事は不安定で、二人とも家庭をもつには若すぎたと言える。結局、二年で離婚し、母親は別の男性と再婚。ジェフはその男性の養子として育てられることになる。養父となった男性はキューバからの政治難民だったが、奨学金とアルバイトで大学も出て、大手の石油会社に勤めはじめていた。一方、じつの父親との連絡はその後途絶えてしまう。

何かに熱中するとほかのことが目に入らなくなる傾向は、幼稚園児だったころから顕著だったようだ。

公園の池に浮かんだ足こぎのボートに乗ったときも、ほかの子は母親に手を振っていたのに、ベゾスは、ボートが動く仕組みを知ろうと、そちらに夢中で、母親のほうなど一顧だにしなかった。何かをやり出すと、やめさせて次のことに切り換えさせるのが至難の業で、仕方なく幼稚園の先生は、椅子ごと彼を移動させていたという。

そんな彼は、宇宙飛行士と発明家になることを夢見るメカ好きの少年に育っていく。ジェフ少年は、あるとき祖母を泣かせてしまったことがあった。喫煙による死亡率の上昇に警鐘を鳴らす公共広告を見ていたジェフは、自分で計算して、喫煙している祖母の寿命が九年短くなるという答えを導き出し、それを祖母に告げたのだ。祖母は泣き出したが、無理もなかった。祖母は肺ガンにかかってもう何年も闘病中だったのだ。

彼の計算結果は正しかったかもしれないが、それが祖母を傷つけることには、彼は無頓着だった。ジェフ少年の悪意のない失言に対して、祖父は孫を優しくたしなめたという。「ジェフ。賢くあるよりも優しくあるほうが難しいと、いつかわかる日が来るよ」と。

高校では科学部とチェス部に籍を置き、さまざまな賞を獲得した。負けず嫌いなべゾスは、卒業生総代になるために首席の成績を修めると公言していたが、その通り実行した。プリンストン大学に進むと、電気工学とコンピュータサイエンスで学位を取得。そして、彼が卒業後に就職先として選んだのは、株式投資の世界だった。数学とコンピュータを駆使する金融工学の手法でウォールストリートを席巻する先駆けとなった投資会社で、ベゾスは頭角を現していく。

こうしたベゾスの経歴には、彼のシステムへのこだわりと嗜好《しこう》が感じられる。プログラムに従って、コンピュータが自動的に取引を行っていく手法は、情緒的な関与を一切排して、定められたルールに従って淡々と取引を行うというものだった。

ベゾスのある部下は、彼の思考や行動が、極めて論理的で、「どのようなことでも体系的に（システマティックに）対処する」という特徴があることを指摘している。ベゾスは女性との出会いにさえ、「ウーマンフロー」（投資案件と出会う機会を表すディールフローに対して、女性との出会いの機会をそう呼んだ）を増やすという方法を実践していたという。

こうしたエピソードからも、システムでものごとを考え、制御しようとするSタイプの思考がはっきり見てとれると言えるだろう。

イーロン・マスクの場合

ベゾスと並んで、驚異的な成功を成し遂げてきた時代の寵児《ちょうじ》に、イーロン・マスクがいる。電気自動車で世界をリードするテスラ社のみならず、夢物語と思われていた民間での宇宙事業に突破口を開いたスペースX社を創立し、一大企業に育て上げた型破りの人物だ。

AP／アフロ

歴史に匹敵する人物を探すとすれば、アレクサンダー大王やチンギス・ハンをもち出すしかないかもしれない。二人の英雄の事業は、軍事的な征服によるものだったが、マスクは、科学技術と経営力によって、誰も成し遂げなかったような事業を成し遂げようとしている。こうした偉業を可能にしたのは、いかなる情熱と能力だったのだろうか。

イーロン・マスクは南アフリカ共和国の首都プレトリアで生まれた。父親は電気や機械のエンジニア、母親は栄養士だったが、学校時代には理科や数学が得意な、いわゆるリケジョだった。両親ともに理系の能力に恵まれていたということになる。

少年イーロンは、好奇心旺盛で、活発な子だったが、ときどき自分の世界に入ると、呼びかけてもまったく反応がなくなることがあった。両親は心配して、耳鼻科の医者に診てもらったこともあるが、別に聴力に異常は見つからなかった。

こうしたエピソードは、自閉的な傾向をもつ子どもで、ときに見られるものである。内的世界に没入し、自分の考えに過集中するため、外界からの声や物音がまったく耳に入らなくなってしまうのだ。外からはうかがい知れないことだったが、イーロンのなかでは、その後の彼の能力の源となるようなことが起きていた。イーロンはインタビューに答えてこう述べている。

「5～6歳のころ、外界と断絶して一つのことに全神経を集中させる術を身につけた」

「脳のなかには普通ならば、目から入ってきた視覚情報の処理にしか使われない部分があるが、その部分が思考プロセスに使われるような感じかな。とにかく、視覚情報を処理する機能の大部分がものごとを思考する過程に使われていた。いまはいろいろなことに注意を払わなければならない身なので、以前ほどではなくなったが、子ども時代は頻繁《ひんぱん》にハマっていた」

視覚情報を処理する脳の領域で思考すること、それは、まさしく視覚統合の働きにほかならない。イーロン少年は白昼夢に耽りながら、視覚統合の能力をフル活用するようになっていたのだ。視覚統合は、現実にはないものをイメージし、思考を展開する能力でもある。イーロンはこうも述べている。

「イメージとか数字の場合は、相互の関係や数学的な関連性を把握・処理できる。加速度とか運動量とか運動エネルギーなんかが物体にどういう影響を与えるのか、鮮明に浮かんでくるんだ」

彼はイメージによって思考する技を、子どものころから身につけていた。

そんなイーロンは、ただ空想に耽っているだけではなかった。彼が子どものころから熱中したもう一つのことは、読書だった。いつも片手に本をもっていたという。

弟の証言によると、一日十時間読書に没頭することも珍しくなかったし、週末には必ず二冊の本を一日で読破していたという。学校の図書館の本を読み尽くして、読むものがなくなったため、ブリタニカ百科事典を読み耽った。小学生の間に、二つのシリーズの百科事典を読破していたイーロンは、「歩く百科事典」と言われるほどのもの知り少年になっていた。

一方、イーロン少年にも苦手なことがあった。それは社会性の面と運動だった。

イーロン少年は相手がどう思うかよりも、正しいかどうかを優先するところがあり、間違っていることを指摘せずにはいられなかったのだ。そのため、相手をいらだたせ、鬱陶《うっとう》しがられることも多かった。

友だちはおらず、いつもひとりぼっちだった。弟でさえ、兄と遊ぼうとしなかった。「お兄ちゃんと遊ぶの楽しくないんだもん」というわけだ。何年もいじめを受けたのも、そうした特性が関係していたのだろうか。

さらにイーロン少年を孤独にしたのは、両親の関係が悪化し、やがて離婚してしまったことだ。イーロンは最初母親と暮らしたが、そのとき、仕事で忙しい母親の代わりにイーロンの面倒を見てくれたのは祖母だった。学校の送り迎えも、ゲームの相手も祖母が務めたのだ。

数年後、父親と暮らすことを選ぶことになる。しかし、父親も相当な変わり者だったらしく、イーロンが期待したような愛情や優しさが与えられることはあまりなかった。

イーロンはやがて南アフリカを捨てて、アメリカを目指すが、父親と暮らしたころのことを振り返って、こう述べている。

「いいことがまったくなかったわけではないが、幸せではなかった。惨めというのかな。父は、人の人生を惨めにする特技の持ち主。それは確か。どんないい状況でも、ダメにしてしまう」

高い知覚統合の能力をもってしても、父親から受けた愛情のない仕打ちを乗り越えることは、イーロン・マスクにとっても容易ではなかったということだろうか。

しかし、その満たされない思いを、宇宙に対する野心へと昇華させたマスクは、大事業を着々と進めていくのである。

ASDは超男性脳をもっている？

女性も遺伝的体質やストレスなどにより、血中の男性ホルモンが高いレベルになることがある。

もし男の子が、精巣からのテストステロンだけでなく、母親からのテストステロンも浴びると、共感性やコミュニケーションの発達が抑えられ、システムへの関心やとらわれが強くなることを示す研究結果があり、このことから、ASD（自閉スペクトラム症）は幼いころに過剰な男性ホルモンを浴びすぎて、脳が超男性化したことによるのではないかという説もある。超男性脳仮説と呼ばれるものだ。

ASDが男性に女性の数倍多いことも、この仮説によってうまく説明がつく。もともと男性のほうが、自分の精巣から放出されるテストステロンを浴びているので、過剰になるリスクが高いと考えられるのだ。

逆に言うと女性では、自分由来のテストステロンが低く、超男性脳にはなりにくいということになる。女性のASDは軽症な傾向があり、それゆえ気づかれにくい。ただ、女性ホルモンは男性ホルモンを転換してつくられるため、この代謝経路がうまくいかない場合には、女性でも男性ホルモンが高くなる。

女性でもニキビができやすい人や体毛が濃い人では、男性ホルモンのレベルが比較的高いと推定される。女性でも、コミュニケーションや対人関係が苦手で、共感的な話題よりもシステム的な関心が強いとしたら、Sタイプの脳の持ち主かもしれない。

EタイプかSタイプかを見分けるバイオマーカー（生物学的指標）が知られている。それは、人差し指と薬指の長さの比で、胎生期のテストステロンの暴露を反映するとされる。男性では人差し指のほうが長いと、Sタイプ。女性では、逆に薬指のほうが長いとSタイプのことが多い。これは非常に精度の高いバイオマーカーである。AS

Dの発見にも役に立つ方法である。

といっても、超男性脳仮説で説明できるASDは全体の一部で、まったく別のさまざまな原因によっても、ASDは引き起こされる。最近の研究では、女性ホルモンの過剰も、とくに女児において、ASDのリスクを高めてしまうという。性ホルモンとは関係なく起きる場合もあり、ASDには、さまざまな原因による種々雑多なタイプが含まれているので、一般化しすぎないように注意が必要だ。

共感的な関心とシステム的な関心の違いについてつけ加えると、「〜はよかったわ」とか「〜は好き（嫌い）」「私もよ」というような話は共感的な語りだと言える。それに対して、「〜なのはどうして？（どういう意味がある？）」「〜が正しい（間違っている）」「〜すべきよ」といったものごとの仕組みやルール、正しさなどについての語り（議論というべきか）は、システム的な関心から生まれる。

通常のおしゃべりは、共感的な語りがなじみやすい。システム的な関心が強い人は、ほかの人の口にするおしゃべりが退屈であり、自分が発言しても周囲はあまり乗ってこず、むしろ退いてしまうということもあって、居心地が悪く感じてしまう。

ASDの傾向をもつ女性の多くはグレーゾーンと判定されるが、共感的な話題を好む女性のなかでは浮いてしまいやすく、子どものときにはいじめや仲間外れにされたりすることもある。

しかし、科学や文化の発展、政治や社会の変革は、共感的なおしゃべりよりも、システム的な議論から生まれることのほうが多く、この能力なくして、人類の今日の繁栄は築かれることはなかったのだから、どちらの能力も不可欠なものだと言えるだろう。

知覚統合が強いASDタイプのケース

ASDのタイプには、前章で見たような知覚統合の弱いタイプと、逆に強いタイプがある。

ASDの要件となる社会的コミュニケーション障害には、知覚統合が一部関係するわけだが、他者と気もちを共有し、慣れ親しむ能力は、知覚統合とは独立した能力だと考えられる。前者はオキシトシン系と密接に結びついた機能であり、後者は、前頭前野と視覚に関連する領域が統合して生み出される能力であることを考えると、よく理解できる。

知覚統合が優れていても、社会性、共感性の働きが弱いと、対人関係やコミュニケーションは円滑にいかなくなる。

仕事はできるが、妻が爆発する理由がわからない

四十代後半の男性Dさんは、技術系の仕事で、会社ではそつなくやってきた。一度転職したことがあったが、それは、会社が自分の技術を正当に評価していないと感じたからで、好条件の誘いを受けたとき、前の会社にとくに未練はなく、新天地に移った。

転職先でも、とくに親しい同僚もおらず、仕事に行くのが楽しいというわけでもないが、仕事は仕事と割り切ってこなしているし、給与やボーナスも、Dさんの業績をきちんと反映してくれるので、不満はない。

そんなDさんが、思いがけない事態に遭遇することになった。妻があるころから、Dさんが帰宅しても、「お帰りなさい」とも言わなくなり、夕食の用意もせずに、先に寝ていたりするのだ。

最初は具合でも悪いのかと思い、あるいは、子どもを寝かしていて、そのまま眠っ

てしまったのかとも思い、黙ってカップラーメンで済ませたりしたが、あとで事情を聞いても、不機嫌な声で「しんどかったの」としか言わない。

ある日、子どものご飯だけが用意され、子どもには食べさせているのに、自分の夕食がないという現実を前に、冷静なDさんも、仕事で疲れていたということもあり、とうとう怒りを爆発させてしまった。

「どういうつもりなんだ!」と怒鳴った声に子どもが泣き出し、妻は泣いている子どもを抱きかかえて、寝室に行こうとした。行かすまいともみ合いになり、妻から「触らないで。警察呼ぶわよ!」と言われて、愕然《がくぜん》としたのである。

翌日、仕事から帰ると、妻と子どもは自宅のマンションからいなくなっていた。置き手紙が一枚、「当分実家に帰ります。私はあなたの飯炊き女でも、家政婦でもありません。怒鳴り声に、子どもはいまも怖がっています。あんなパパとは暮らしたくないと言っています。私も嫌です。モラハラや虐待をするのなら、離婚します」と書かれていた。

Dさんは、妻も子どもも大切に思っていたし、それなりにいい家庭を築いてきたと思っていた。それが、あんなことくらいで、こんなに簡単に崩れてしまうのかということが信じられず、混乱してしまったのだ。

Dさんの考えでは、自分は家族のために仕事をがんばって、家計を支えている。その代わり妻は、育児や家事をこなし、家を心地よく保ってくれている。持ちつ持たれつの関係で、お互いするべきことをきちんとこなすことで、うまくいっていたはずだった。

ところが、妻は突然、自分の役割を放棄してしまったのだ。それは、妻の身勝手ではないか。専業主婦の妻が、夫の食事も用意したくないというのは、夫である自分が、妻の生活費を出したくないと言っているのに等しいのではないか。

そうした状況で、Dさんは、相談に訪れたのだ。

担当したカウンセラーは、Dさんが気づいていない不満を、奥様はずっとため込んでいたのではないのかと推測した。夫の役割は、ただ家計を支えればいいということだけではない。

「奥様と、日ごろからどんな話をしていましたか」そうたずねられて、Dさんは、妻が話すことをただ聞き流していたことや、最近は子どものこと以外、あまり話題もないことを語った。

「お子さんのことで、奥さんがよく話されることはどんなことでしたか」そうたずねられて、そういえば、最近、子どもの発達に少し遅れがあると言われたことを気にしていたが、大したことだとも思わず聞き流していたと振り返ったのである。

カウンセラーは、Dさんと奥さんが感じていることに、大きなズレがあることを指摘した。奥さんは、Dさんに自分の不安や心配を共有してもらえず、不安定になっているのだと考えられた。カウンセラーの説明を聞いてDさんは、はじめて、妻が何に不満を感じていたかを理解したのだ。

その後、奥様も希望されて、Dさんは、発達検査を受けることとなった。その結果、Dさんは、非常に高い知覚統合の能力をもつ一方で、作動記憶は平均以下であることがわかった。ただ、群指数に乖離《かいり》が認められたからといって、即、発達障害というわけではない。あくまで診断基準に基づいて、診断は行われる。

Dさんの場合は、自分の視点にとらわれやすい傾向や自分のルールにこだわる傾向が、いくぶん認められるものの、学校時代も、会社でも、そつなくやっていたし、少なくとも結婚して七、八年は、結婚生活にも目立った問題もなく過ごせていた。Dさんのレベルまで、自閉スペクトラム症とか社会的コミュニケーション障害と診断してしまうと、一般人口の二、三割の人が、該当することになってしまう。つまり、Dさんは、グレーゾーンと判定された。

しかし、診断がつかないグレーゾーンだからといって、困っている現状に変わりはない。知覚統合が優れていることは、もちろんよいことなのだが、ほかの能力とのバランスが悪いと、身近な人間関係に影響してしまうこともある。

Dさんの場合は、知覚統合が優れている一方で、作動記憶が弱い。発達検査で調べる作動記憶とは、耳で聞いて憶える聴覚的作動記憶だ。つまり、作動記憶が弱いということは、聞きとりが弱いということである。

Dさんが、奥さんの話を聞き流してしまっていたのには、仕事で疲れていたということもあるだろうが、もともと聞きとりが弱いこともあり、奥様の言葉はあまり頭に残らず、一生懸命伝えようとしている奥様としては、真面目に聞いているのかという不信感さえ生じてしまったのかもしれない。

さらに、Dさんは、通常の発達検査ではわからない愛着の課題を抱えていた。なかでも、恐れ・回避型愛着スタイルを抱えていたのだ。恐れ・回避型愛着スタイルとは、人間不信が強く、人に心を開いて情緒的関わりをもつと傷つけられてしまうのではという恐れのため、関わりを避けてしまうタイプで、本当は人との関わりを求め、愛されたいと願っているものの、本気で関わろうとしない。

じつは、Dさんの母親は、フルタイムで働いていて、あまり家にいなかったのだが、家にいるときはいつも機嫌が悪く、勉強のことで注意された記憶しかなかった。言いがかりをつけられないように、目も合わさないようにしていたくらいで、甘えたこともほとんどなかったという。

そういうDさんにとって、人と打ち解けることは危険なことであり、いつのまにか、誰にも気を許さず、表面的につき合うようになっていたのだ。しかし妻は、結婚生活のなかで、夫と気もちが通じないことに対してストレスをため続け、それがとうとう限界を迎えてしまったのである。

知覚統合が高い人では、強迫的な傾向も見られ、「〜すべき」と、ルールや約束ごとで関係を考えがちだ。しかし、人と人とのつながりは、数学の公理や法律の契約のように、決められたルールだけで動いていくものではない。情緒的なつながりや信頼があってはじめて、それは維持される。

知覚統合が高い人では、ASDと診断されないレベルであっても、ルールや決まりごとで、人間関係も片づけてしまえるような錯覚に陥りやすい。共感や情緒的なつながりを大事にすることに関心が乏しくなりがちなので、日ごろからとくに注意を払って、周囲の人への気もちがもてるように努力する必要がある。カウンセリングとともに、相手の立場でものごとをとらえ直し、共感能力を高めるトレーニングが役立つ。

第6章

ひといちばい過敏な人たち

HSPと不安型愛着スタイル

過敏で傷つきやすい二つのタイプ

感覚過敏に苦しむ人は近年とても増えている。正式の診断基準がまだ確立されていないものの、HSP（Highly Sensitive Person：「敏感すぎる人」の意）という名称が広く使われるようになっている（子どもの場合はHSC）。

HSPは医学概念ではないものの、それだけ多くの人が、自分の生きづらさの原因が過敏さにあると感じていることになるだろう。

しかし、感覚が過敏なだけでは、現在のところ、発達障害にも、ほかの精神疾患にも該当する診断がない状況である。

感覚過敏は、ASD（自閉スペクトラム症）の診断基準の一部を満たすが、それだけでは診断に至らない。一方で、人の顔色や反応に敏感な傾向は、不安型愛着スタイルの人に典型的に見られるが、これは障害ではなく特性だと考えられている。どちらにしても、グレーゾーンという判定になりやすい状態だと言える。

つまり過敏さにも、感覚過敏のような神経学的過敏さと、顔色に敏感といった心理社会的過敏さがあり、どちらが強く見られるかで、二つのタイプに分けられる。

一つは、感覚が過敏なだけでなく、人の顔色や反応にも敏感で、過度に気を遣うタイプで、HSPはこのタイプに相当する。もう一つは、感覚過敏が強い一方で、周囲の反応にはむしろ無頓着で、気遣いはあまりないタイプである。こちらは、ASDの傾向にともなうタイプだと言える。

ASDタイプと不安型愛着スタイルの過敏さの違い

自閉スペクトラム症にともなう感覚過敏では、過敏さだけでなく、鈍感さも併存していることが多く、ある面では過敏だが、ほかの面では鈍感だったりする。自分が気にしていることには過剰反応する一方で、相手がどう感じているかといったことには気が回らない。

また、ASDでは、感覚過敏とともに、こだわり症状が見られ、さらに社会的コミュニケーション障害もともなっている。

それに対して、一般にHSPと呼ばれる状態では、感覚過敏はあるものの、それ以外のこだわり症状があまり目立たず、また社会的コミュニケーション障害も見られないどころか、むしろ過剰発達しているという点が大きく異なっている。

空気を読みすぎたり、相手の気もちを汲みとりすぎたりしてしまうのだ。それがメリットになる面もあるが、気を遣いすぎて疲労がたまりやすく、また、自分のことよりも相手のことを優先し、損な役割を引き受けるなど、デメリットを生じてしまうことが少なくない。

こうした状態は、生得的な要因もあるだろうが、むしろ育った養育環境のなかで、そうした傾向が育まれていることが多く、医学的概念としては、**不安型愛着スタイル**と呼ばれるものに、ほぼ相当すると考えられる。

不安型愛着スタイルは、親の顔色をつねに気にしながら育った人に典型的に見られるもので、親が気分次第で極端に態度を変えたり、情緒的に不安定だったりすることが要因となる。それ以外にも、両親が始終喧嘩していたり、生活が苦しく、他人にすがらないと暮らせないような安心感の乏しい境遇に置かれたりすることも、そのリスクを高める。

不安定な親をもつ場合や、安定しない境遇で育った場合、子どもは当然、周囲の大人たちの気分や顔色に敏感にならざるを得ず、それを読みとり、機嫌をとるという戦略で何とか生き延びようとする。その結果、安心感に欠けた面をもつだけでなく、周囲の空気や人の顔色に過敏な特性を身につけてしまうと考えられる。

感覚過敏な傾向が見られる場合も、社会的コミュニケーション障害をともなっているか、それとも、その面が逆に過剰に働いてしまうのかを見極める必要がある。

社会的コミュニケーション障害をともなわない感覚過敏であれば、いわゆるＨＳＰであり、そのベースには、不安型愛着スタイルが認められることが多い。この場合、同じ運動を反復したり、同一の行動パターンに執着したり、細かい点にやたらこだわったりするこだわり症は通常あまり目立たない。また、感覚過敏と同程度かそれ以上に心理社会的過敏性が強く、相手の顔色や表情に敏感で、気もちを感じとりすぎてしまうことも特徴である。

なかには、両方の傾向がある場合もある。もともとＡＳＤ傾向があった人が、親からの過干渉や支配、学校などでのいじめなどにより、周囲の顔色や反応に敏感になっている場合には、ＡＳＤ傾向と不安型愛着スタイル（恐れ・回避型の場合も）が同居するということが起きる。

学校に行くと気分が悪くなる少女

13歳の中学生のKさんは、小学六年のころから学校に行きづらくなっていた。教室に入るのがつらくなったのは、音や光に過敏で、とくに大きな音や高い音が耳について、気分が悪くなるためだった。

最近は、尖ったものが気になって、ハサミなどが近くに置いてあるだけで、集中できなくなってしまう。腹痛や頭痛、めまいも多いため、体調の問題と思って病院にも行ったのだが、とくに異常は見つからなかった。

いつも決まった通りにやることに安心し、急に予定を変えられると、不安になって体調にも影響する。もともと歩き出すのが遅く、運動も苦手だった。読書が好きで、ファンタジー小説の世界に夢中になっている。そこでは、すべてが調和していて、心地よく感じられるのだ。同じ作品を何度も読み返すのが好きだという。

この中学生の少女のように、過敏さだけでなく、社会的コミュニケーションや同一パターンへのこだわり症状もそろっていると、ベースにASDが疑われる状態ということになる。

ASDと紛らわしい「恐れ・回避型愛着スタイル」

不安型愛着スタイルとASDの状態は見分けがつきやすいので、両者の鑑別点を知っていれば、混乱が起きることは少ないだろうが、両者の中間に位置するような状態もあり、その場合は、専門家でも見分けがつきにくくなる。それは、**恐れ・回避型愛着スタイル**がベースにある場合だ。

恐れ・回避型愛着スタイルは、相手の反応や評価、自分が受け入れられているかどうかを非常に気にする不安型の面と、傷つくのが嫌で、親密で情緒的な関係をもつのを避け、距離をとろうとする面の両方が同居しているタイプで、相手に受け入れてもらいたいけれど、相手が怖い、信じられないというジレンマを抱えている。

『泣いた赤鬼』という童話がある。赤鬼は、村人と仲よくなりたいのだが、お互い疑心暗鬼になり、なかなか近づくことができない。そこで、青鬼が悪者役を買って出てくれて、赤鬼がよい存在だということが明白となったことで、お互いに心を開くことができたのである。

あるいは、『美女と野獣』の野獣のように、自分はどうせ嫌われると思い、自分の城に閉じこもり、誰にもその姿を見せようとしない。迷い込んできた娘が好意を示しても、それを信じることができない。お互いの自己犠牲的な愛情を確認したとき、はじめてその不信感が消え去り、呪縛が解ける。

恐れ・回避型愛着スタイルの人では、自分が嫌われ、拒絶されるのではという恐れのために、相手に対する態度が臆病で、ぎこちないものになってしまう。対人恐怖的な不安が、スムーズに相手とやりとりすることを妨げてしまう。

また、恐れ・回避型の人では、親密な関係へと踏み出すことに恐れをもつだけでなく、チャレンジ全般や新しい取り組みに対しても消極的になりやすい。なぜなら、新しいことにチャレンジをしようとすると、そこには新たな人間関係や関わりがともなってくることになり、説明したり、交渉したり、自己開示したりしなければならなくなるからだ。

能力としては、社会的コミュニケーションに障害があるわけではなくても、それを避け、行動機会が減ると、スキルの低下も起きる。周囲からは、できないからやらないのか、それともやりたくないからやらないのかは判別できない。結果的に、社会的コミュニケーション障害があるのと大差がないことになる。

新しいチャレンジを避けていると、生活は同じことの繰り返しになりやすい。もともと同じパターンに固執しやすい傾向があるわけではないにしても、結果的に、同じ行動パターンや生活スタイルが、いつまでも続くことになる。行動だけで見ると、同一のパターンへの執着があるのとあまり変わりがないことになってしまう。

このように、恐れ・回避型愛着スタイルを抱えている場合には、ＡＳＤとの見分けが難しくなることも珍しくない。

見分けるポイントは、恐れ・回避型の場合、安心感の乏しい境遇で育っていたり、虐待やいじめを受けたりした過去が浮かび上がる。そして、根強い対人不信感も特徴だ。ＡＳＤだけであれば、過敏ではあっても、人間に対してそこまで悲観的ではない。

夏目漱石の場合

文藝春秋／amanaimages

恐れ・回避型愛着スタイルを抱えて苦しんだ人の一人として、文豪の夏目漱石を挙げることができる。漱石は幼いころ里子に出されたり、また実家に戻されたり、再び養子に出されたり、また引きとられたりを繰り返し、実家にもどこにも居場所がないというじつに不安定な境遇で育った。漱石が作家として活躍するようになってからも、かつての養父が金をせびりに来たりして、漱石を苦しめた。

漱石は敏感で、子どもの上げる声にイライラして怒鳴ったり、妻に手を上げたりすることもたびたびだった。単に感覚が過敏というだけでなく、自分に悪意をもたれていると妄想してしまうことを止められなかったのだ。

漱石の最高傑作とも言える『こころ』には、信じていた叔父から騙された主人公が、自分もまた親友を裏切り、死に追いやってしまうという深い心の傷と人間不信が描かれているが、人が信じられない主人公の苦悩は、漱石の苦悩そのものだったと言えるだろう。

恐れ・回避型の深い人間不信には、トラウマ的な体験がかかわっていることも多い。

一方、ＡＳＤの場合には、むしろ相手の悪意にも無頓着だったり、気づかなかったりする。そうした鈍感さは、不利にもなるが、傷つくことから本人を守ってくれる面もある。

三者の関係をまとめたのが、次の図である。

「HSP」「ASD」「恐れ・回避型」の違い

HSP(不安型)	ASD	恐れ・回避型
感覚だけでなく、顔色、表情、空気にも敏感。	感覚過敏と鈍感さが併存。表情や空気がわかりにくい。	感覚過敏だけでなく、心理社会的過敏さ、強い対人不信が特徴。
社会的コミニュケーション障害やパターン固執はあまりない。神経学的な機能障害も目立たない。	社会的コミニュケーション障害やパターン固執が強い。要領の悪さ、不器用さなど神経学的な機能障害が見られる。	神経学的な障害が軽度であるにもかかわらず、社会的コミニュケーションの困難や執着傾向も強い。
不安型愛着スタイルなど養育要因の関与が大きいが、不安を感じやすい遺伝要因による場合もある。	遺伝要因の関与が大きいとされるが、環境要因も小さくない。	不安定な養育環境やトラウマ的体験による場合や、軽度のASDがベースにある場合がある。

ただ、ASDがあるうえに、いじめの被害や、親や教師から否定的な扱いを受け、二次的な傷つきによって、恐れ・回避型を呈しているというケースも少なくない。ASDに恐れ・回避型愛着スタイルが重なっているケースでは、人間不信や猜疑《さいぎ》心も深刻で、こだわりの強さや社会的コミュニケーション障害のため、いっそう孤立しやすくなってしまう。引きこもっているケースや、能力があるのに社会的な適応に行き詰まっているケースも少なくない。

神経障害のレベルはそれほど深刻ではなく、ASDとしてはグレーゾーンか軽度という場合も、恐れ・回避型が加わることで、生きづらさや生活の困難は深刻なものとなりやすい。

感覚過敏とそれにともなう心身の不調

感覚過敏がある人では、当然ながらストレスを感じることが多くなり、不安や緊張も強まりやすい。肩こりや頭痛、めまい、腹痛や下痢といった症状がよく見られる。こうした身体的なトラブルは、ASDタイプでも、HSPタイプでも、恐れ・回避型でも多い。

哲学者のニーチェは、極めて過敏で不器用な、ASDタイプの人物だったが、子どものころから頭痛もちで、さまざまな身体的な不調に苦しんだ。夏目漱石は胃潰瘍に苦しみ、それが命とりとなった。

ASDタイプは、アトピーや喘息《ぜんそく》といったアレルギーも多い。心身症以外にも、不安障害や睡眠障害も高頻度に見られる。恐れ・回避型では、うつが慢性的に続きやすく、不安型愛着スタイルでも、軽いうつが続く気分変調症をともないやすい。

感覚過敏の改善と克服のためには…

感覚過敏がベースにある慢性疼痛《まんせいとうつう》や頭痛についての研究が近年進み、鎮痛薬などでは改善しないような頑固な痛みに、認知行動療法やマインドフルネス、ポジティブ心理学によるアプローチが有効であることが報告されている。

さらに、近年注目されているのは、愛着システムを介したアプローチで、家族との関係や接し方を改善していくことで、症状も改善しやすい。

愛着関係が重要であることについて、九州大学病院心療内科診療准教授で、九州大学病院集学的痛みセンター副センター長の細井昌子先生は、こんな話をされている。

「難治性のケースばかりが紹介されてくるのですが、やはりよくなるケースとよくならないケースがあります。よくなるケースの共通点は何かと考えますと、担当する医師に懐いた方はよくなっていくことが多いように思います」

この「懐く」ということが改善を左右するという事実は、愛着が安定し、オキシトシンの働きがよくなると、感覚過敏や痛みの改善にもつながるのではないかという仮説を支持しているように思う。

休養しすぎると逆に過敏さが増していく

過敏であると、そのことばかりが気になり、そこに神経が集中することで、余計に敏感さがまし、苦痛が強まってしまいやすい。音に過敏な人は、一日中、音のことばかりを気にしていたり、体のどこかに痛みがあると、それればかりが気になって、余計つらくなってしまう。

その場合に役立つのは、何かほかのことに取り組むということだ。ほどよく忙しいほうが、苦痛や不安といったものは軽減しやすい。時間がありすぎると、つらさのほうに注意が向いてしまいやすい。

したがって、過敏さにともなう症状を治そうと思ったら、治療に専念しようとして、仕事を辞めたり休んだりすることは、しばしば逆効果になる。もちろん、ストレスにより悪化している場合には、休養は効果的だが、必要以上に休んでしまい、自宅で何もしないでいる時間が長くなると、かえってそれにばかりとらわれてしまう。

むしろできるだけ普通に生活して、ほどよく仕事も、家事や趣味もして、適度に忙しくしたほうが、症状のことを忘れている時間が増えて、改善につながりやすい。

過敏さから視点を切り替えるトレーニング

過敏な傾向は、過敏な認知と結びついている。とくに心理的な過敏性は、トラウマ体験から来ていることもあるが、他者に対する過剰な気遣いや配慮と一体となっていることが多い。

他者の評価に支配され、いつのまにか他者を基準にすべてを考えてしまっているのだ。こうした認知の癖は、トレーニングによって変えていくことができる。

自分の視点だけでものごとを見るのではなく、少し離れた第三者の視点で状況を見たり、相手の視点でいま起きていることを見るトレーニングをすることで、状況が違ったように見えるようになる。自分のとらわれに気づき、それが次第に外れてくると、もっと楽に自分と周囲との関係をとらえられるようになる。

また、不安型愛着スタイルを改善するプログラムなどによって、他者に対する心理社会的な過敏性が改善するにつれて、感覚の敏感さといった神経学的過敏性も和らいでいくことが多い。

過敏性というのは、どういう痛みであれ、痛みを感じる中枢は共通している。感覚的な苦痛も、心理社会的な苦痛も、脳は最終的に同じ領域で、痛みとして感じているのだ。したがって、心理社会的過敏性が和らぐことで、感覚過敏なども和らぐという好循環が生まれやすい。

過敏さを和らげるマインドフルネスとSSP

過敏さや痛みといったものは、それをなくしてしまおうとして戦うと、余計に過敏になり、苦痛が増しやすい。むしろ、いまの状態をありのままに受け入れ、そのまま味わうアプローチが効果的だ。

禅やヨガの修行では、長時間の大変な苦痛にも耐えることができるが、それを可能にしているのも、そうした考え方である。さらに、それを医学的に活用しやすいかたちにしたものが、**マインドフルネス**だ。

マインドフルネスでは、瞑想しながら、呼吸や身体感覚に注意を向け、それをありのままに感じようとする。そうした取り組みを、毎日3分間行っただけで、とらわれが和らぐ効果がある。

近年注目されている方法に、**SSP（Safe & Sound Protocol）**というアプローチがある。これは、とくに聴覚が過敏な方に、特殊な加工を施した音楽を聴いてもらうことで、耳小骨筋の調節機能を高め、過敏さを改善するものだ。ポリヴェーガル理論で知られるステファン・ポージェス博士が開発した。

聴覚過敏な方は、迷走神経の機能に異常が見られ、過剰な緊張とともに、動悸や胸部や腹部の不快さ、吐き気といった症状をともないやすいが、聴覚過敏にともなうそれらの症状にも効果が期待できる。

薬物療法も近年進歩している。聴覚過敏や対人過敏に有効な薬剤はたくさんある。漢方薬も役立つ。本人に合った種類を、適切な分量で使うことが大事である。専門医にご相談いただきたい。

第7章

生活が混乱しやすい人たち

ＡＤＨＤと疑似ＡＤＨＤ

不注意やミスの背景にある実行機能の問題

脳の司令塔のような役割を担っている領域が、額の奥にある前頭前野である。前頭前野は、現在の情報だけでなく、蓄えられた記憶からの情報も参照にしながら、リスクと報酬を考慮し、意思決定（目的の選択）を行うと同時に、目的達成のためにどのように行動するか、段取りを考え、プランを立てる（プランニング）。そして、そのプランに基づいて、実際に行動（課題処理）を行っていく。

情報に基づいて意思決定し、課題を遂行する機能を「実行機能（遂行機能）」と呼び、日常生活においても、仕事においても、対人関係においても、大変重要な役割を担っている。

実行機能の低下した状態で、よく知られているものが**ＡＤＨＤ（注意欠如・多動症障害）**だ。ＡＤＨＤでは、不注意、多動・衝動性のために、ミスを連発したり、一つの課題にすぐに飽きてしまってほかのことに手を出してしまったり、時間が管理できず、課題の期限が守れなかったりということが起きる。さらに、課題遂行の面だけでなく、その前段階の意思決定において、そもそも失敗してしまうことも多い。

誰かに駆け寄ろうとして車にひかれそうになったり、ふと出来心で投資をして大金をすってしまったり、予定外の買いものをしすぎて自己破産に至るというケースでも、コントロールできない衝動性が失敗を招いていることが多い。

プランニングも弱いため、場当たり的に行動をはじめてしまい、あとでやり直さなければならないということも起きる。説明書も読まずに家具を組み立てて、もう一度分解しないといけなくなるというような失敗をする方は、プランニングが弱く、衝動的に行動しやすいと言える。

ただ、不注意や衝動性の問題があるからといって、即ADHDというわけではない。実行機能の低下を引き起こし、不注意や衝動性の問題を生み出す原因はほかにもたくさんあるからだ（とくに青年・成人期の場合は）。

いずれにしても言えることは、原因がADHDかどうかはともかく、実行機能の低下が行動のミスだけでなく、判断のミスを招き、それにより人生を困難で厄介なものにしてしまうということだ。

実際、社会適応にもっとも高い相関が認められるのは、四つの群指数のうち、実行機能の指標とされる「処理速度」である。

実行機能のチェックリスト

意思決定	・予定のない買いものをしてしまうことが多い ・その場の気分で行動しやすい
プランニング	・計画的に行動するのは苦手だ ・よく説明書を読まずに、いきなりつくり出してしまう
逐次処理	・飽きっぽく、何ごとも長続きしない ・根気のいることは苦手だ
同時処理	・瞬間的な判断は不得手だ ・二つのことを同時にやると、効率ががた落ちする
柔軟性	・一度やり出すと変更するのが苦手だ ・同じ失敗を繰り返しやすい

一般に行われることが多いウェクスラー式知能検査では、処理速度は、逐次《ちくじ》処理課題と同時処理課題の二つで判定される。

ただ、この方法では、課題遂行の能力を見ることはできるものの、意思決定やプランニングについてはあまりわからない。また、課題遂行の際に、現実の場面では重要になる柔軟性（注意や方針の切り換え）といった能力もあまり反映されない。

意思決定やプランニング、柔軟性（注意の切り換え）については、別の検査をする必要があるが、通常の検査ではあまり行われない。ただ、目安となるチェック項目を知っていれば、問題がありそうかどうか、おおよその見立ては可能だ。

そこで、意志決定、プランニング、逐次処理、同時処理、柔軟性についてのチェックリストを掲げた。それぞれ、二つの項目とも当てはまるときは、その能力に課題があることが疑われる。

ＡＤＨＤ急増の謎——疑似ＡＤＨＤかもしれない

不注意なミスや片づけ、スケジュールや時間管理ができなくて悩んでいる人が増えている。そうした状態は、しばしばＡＤＨＤと診断され、薬での治療をすすめられることも多い。

ＡＤＨＤの有病率は、いまや一割にも達する勢いである。

薬を処方された人の数から推測すると、十五年でほぼ二倍くらいに増えているペースである。増加の原因は、認識が広まり、自ら受診するケースが増えたことが、一つの大きな要因と考えられているが、それだけでは説明がつかない現象もあり、実際に増えていると考える専門家が多い。そもそも遺伝要因が六、七割とされるＡＤＨＤがどうして急増するのだろうか。

それに対する答えはいくつか考えられるが、環境要因が関係していることは間違いない。環境要因には、睡眠時間の短縮化やストレスの増加もあるだろう。また、合成甘味料や着色料、妊娠中の飲酒、虐待、生活困難家庭の増加なども挙げられる。

そして、それとも関係するのが、**疑似ＡＤＨＤ**の増加である。疑似ＡＤＨＤとは、症状がＡＤＨＤと似ているものの、原因がほかの精神疾患、うつや不安障害、依存症、愛着障害などによって引き起こされるものだ。

子どものＡＤＨＤが、年齢が上がるにつれて改善し、18歳までに約八割が診断から外れてしまうのに対して、疑似ＡＤＨＤは12歳以降にはじまることも多く、次第に強まっていく。

したがって、**大人のＡＤＨＤの多くは疑似ＡＤＨＤ**ということになる。第一章でも触れたように、疑似ＡＤＨＤは、神経障害の程度は軽度であるにもかかわらず、本人の生きづらさや生活での困難はむしろ深刻であるという特徴がある。

疑似ＡＤＨＤのケースでは、気分障害、不安障害、依存症、過食症など、数多くの病名が並ぶことも多く、その根底に愛着障害や愛着トラウマを抱えていることも多い。

ＡＤＨＤと疑似ＡＤＨＤの見分け方

安易にスクリーニング検査だけでＡＤＨＤと診断されることもあり、過剰診断が問題になっている。スクリーニング検査だけで診断された場合、約半分は過剰診断による疑似ＡＤＨＤだと推測される。間違った診断のもと、投薬が行われないためにも、医療を受ける側も知識をもつ必要がある。

疑似ＡＤＨＤかどうかの鑑別点の一つは、多動・衝動性、不注意の症状が、12歳までに始まっていて、年齢とともに少しずつましになる傾向があるのか、それとも、12歳以降に目立つようになり、むしろ年齢とともにきつくなっているのかという点だ。

また、うつなどの気分障害や不安症、何らかの依存、過食、解離などの症状をともなっていないかも重要だ。これらの症状がある場合、とくに複数ある場合は、疑似ＡＤＨＤの可能性が高くなる。

もう一つは、親との離別や親からの虐待、支配などがあり、親が何でも相談できる存在とはほど遠いような場合、不安定な愛着の問題が推測され、疑似ＡＤＨＤの可能性が疑われる。

虐待やネグレクトなど、愛着障害がベースにあるケースでは、年齢が上がってから逆に症状が強まることが報告されている。また、疑似ADHDでは、ASD（自閉スペクトラム症）に似た症状も併存しやすいのが特徴である。

検査所見にも特徴の違いがある。本来のADHDでは、言語理解や処理速度が低い傾向を示すが、疑似ADHDでは、知覚統合がもっとも低い傾向を示す。

それ以外に、本来のADHDは男性に多いが、疑似ADHDは、性差がないか、やや女性に多い傾向が見られる。

疑似ADHDということになれば、それは単に診断未満のグレーゾーンということではない。根底に愛着障害が隠れている可能性もあるからだ。疑似ADHDをきっかけに、愛着障害に気づくことができれば、得体の知れない苦しみからの出口を見つけられるチャンスでもあるのだ。

ADHDと紛らわしいケース――前頭前野の損傷の場合

ADHDは主に遺伝要因によって、疑似ADHDは主に養育要因によって起きると考えられるが、もう一つ紛らわしいケースがある。それは、前頭前野を事故などにより損傷した結果、後遺症として行動のブレーキが利かず、不注意や多動・衝動性が目立つようになる場合だ。

前頭前野の損傷では、麻痺などの明白な症状がなく、ただ性格が微妙に変わるといった表れ方をするので、気づきにくいのだ。

前頭前野の損傷が起きやすいのは、急停車したときに助手席に座っていて、ダッシュボードやフロントガラスに頭をぶつけるというケガだ。後頭部を壁などにぶつけた場合も、脳が揺さぶられるため、反対側の前頭部に損傷を生じることがしばしば見られる。

子どものころに、頭を強く打つ事故に遭ったという場合、それ以降、行動や注意力に変化が起きていないか、自身の記憶に頼るだけでなく、身近な人にも聞いてみる必要がある。いずれにしろ、脳の損傷はMRI等の検査をしないかぎり発見が困難である。軽度な損傷は検査してもわからない場合もある。

前頭前野の損傷がある場合、通常のADHD以上に、脳のブレーキが利きにくくなり、待つのが極端に難しくなったり、衝動が止められなくなったりする。しかも、同じ失敗をしても、また同じことを繰り返してしまいやすい。

「注意の維持」と「注意の配分」

注意力と課題処理は、密接な関係にある。注意力も含めて、課題処理の能力が先述の実行機能だ。通常の発達検査で、この実行機能の指標となっているのが、処理速度である。

処理速度は、逐次処理と同時処理の成績から計算されるが、逐次処理は「注意の維持」に、同時処理は「注意の配分」に、それぞれ関係が深い。処理速度は、注意の維持が弱くても、注意の配分が弱くても、低下することになる。

ＡＤＨＤの人では、とくに注意の維持が低下しやすく、ＡＳＤの人では、注意の配分や切り替えが苦手だ。つまり、処理速度の低下は、ＡＤＨＤでもＡＳＤでも見られるが、前者の場合は、処理のスピード自体は速いのに、慣れてくると集中が切れてしまい、逆にミスが増える。後者の場合は、丁寧になりすぎたり、一つの課題に気をとられすぎたりして、処理のスピードがゆっくりになりやすい。

処理速度は速いのに失敗が多い場合

ＡＤＨＤのスクリーニング検査でＡＤＨＤのスコアが高い人では、処理速度がむしろ高い傾向が見られる。とくにこの傾向は大人で顕著である。実行機能が低下するはずのＡＤＨＤで、処理速度が高くなってしまうというのは、前提と矛盾してしまう。どういうことだろうか。

じつは、ＡＤＨＤにはいくつかのタイプが混じったもので、実行機能障害が目立つタイプ以外にも、待つのが苦手なことを特徴とする「遅延報酬障害」、時間管理が困難な「時間処理障害」があるとされている。

ただし、待つのが苦手なことや時間管理の困難は、意思決定やプランニングにかかわる部分であり、意思決定やプランニングも含めた本来の実行機能で評価すれば、実行機能障害として理解することができるかもしれない。

先ほども述べたように、「処理速度」の指数には、意思決定やプランニング、柔軟性の問題がほとんど反映されないのだ。衝動的に判断を誤ってしまう人でも、短時間であれば作業的な課題を支障なくやりこなせるし、軽率な判断をしてしまいやすい人は、むしろ処理が手早いということも多いので、現在行われている検査だけでは、本当の問題が見つけられない。

もう一つは、ＡＤＨＤを症状だけでスクリーニングした場合、頭の回転が速く、手早い処理ができるタイプも、該当すると判定してしまいやすいためだ。優れた特性を、障害と判定してしまう危険があることになる。

こうした問題を解消していくためには、ＡＤＨＤという症状による診断名ではなく、「実行機能障害」「プランニング障害」のような客観的な検査所見に基づく診断が必要になるだろう。

少なくとも、プランニングや意思決定も含めた実行機能に低下がなければ、それは障害ではないし、その状態で薬を使って、さらに実行機能を高めようとすることは、医療の範囲を逸脱し、「スーパーマンの薬」を求めてしまうことになる。

実行機能障害が認められる場合、どの段階の機能がうまく働いていないのかを明確にする必要があるが、それには、ちゃんとした検査所見に基づいた診断が求められる。実行機能のどの部分が弱いのかくらいは、把握する必要があるだろう。ＡＤＨＤというような曖昧な症状診断では、本当の問題を覆い隠してしまい、適切な対処のチャンスを失わせてしまいかねない。

処理速度が遅くても国立大学に合格

高校生のときに不登校になり、相談に来られた男子生徒は、処理速度を除く三つの指数は、いずれも110~120くらいと優秀だったが、処理速度だけは80強にとどまっていた。しかし、その生徒は、その後、国立大学の理系学部に進学することができた。知覚推理が120以上と高かったことが、処理速度の低さを補ったと言える。

別の男子高校生もやはり不登校に陥っていたが、彼の場合、処理速度はさらに低く70台の半ばの値だった。言語理解、知覚統合は平均（100）を上回っていたものの、全検査IQはわずかながら平均に届かなかった。それでも、彼はその後国立大学の文科系学部に進むことができた。

この二人とも、こだわりの強さが見られ、思考が粘着的だった。一つのことに熱中することは、強みにもなるが、うまくいかないことがあると、そのことにとらわれやすい弱みにもなっていた。

しかし、処理速度が低めでも、努力次第で、希望を実現するチャンスがあることを示している。

ＡＤＨＤの人が依存症になってしまいやすい理由

実行機能や処理速度では、課題を遂行する部分に関心が向かい、ミスが多くないか、時間がかかってしまうか、といったことが評価の対象となる。

確かに、ミスなく計算をしたり、仕事をこなすことも重要だが、本当に大きな失敗というのは、もっと上流で起きている。意思決定やプランニングの段階に問題があると、いくらその後の川下の部分でがんばって、課題をやり遂げたとしても、全部やり直さなければならないということも起きる。人生に甚大な損失をもたらすのは、じつは、この意思決定やプランニングの失敗なのだ。

処理は速いけれど、意思決定とプランニングの部分で間違ってしまい、空回りや無駄なことばかりしてしまっているということが多いのだ。処理速度がむしろ高い人で、ＡＤＨＤのスコアが高くなってしまうということも、意思決定やプランニングの障害のほうがむしろ問題の中核だとすると、納得がいくかもしれない。

意思決定の能力が低下した状態として、もう一つよく知られているのが、ギャンブル依存症である。それ以外の依存症にも同じような傾向がある。依存症の状態になると、意思決定が適切に行われなくなる。第三者から見ると、明らかに損だと思えることをやり続け、自分の人生を破壊してしまう。

この場合、意思決定をゆがめているのは、報酬系と呼ばれる仕組みの異常だ。依存行為が与える目先の快感の前に、正常な意思決定ができなくなっている。

たとえば、パチンコ依存症では、少し前のデータだが、一人の依存症患者は年間に平均百五十万円ほどをつぎ込んでしまうとされた。二十年では、損失は三千万円に達する。年季の入ったパチンコ依存の方は、家一軒分くらい使ってしまうと言われているが、この統計データとよく符合する。これだけ負け続けていても、多くの依存症患者は、パチンコが止められないのである。

ＡＤＨＤの人は、さまざまな依存症にもなりやすいが、そもそも意思決定やプランニングの能力が弱いとすると、そこに何らかの依存が生じてしまった場合、余計にコントロール不能に陥りやすいと言えるだろう。

意思決定とプランニングの能力を高めるためには…

こうした不幸な事態を防いで、人生の課題をうまくやりこなし、上手に世渡りしていくためには、意思決定とプランニングの能力を高めることが、日々の努力以上に重要になる。いくら努力を積み重ねても、その方向がそもそも間違っていたり、無意味なものだったりしたら、無駄骨に終わってしまうからだ。

努力する能力も実行機能にほかならないが、その努力が実を結ぶためにも、意思決定とプランニングの能力を磨くことが求められるのだ。

では、どうすれば、意思決定やプランニングの能力を高められるのだろうか。

科学的にも効果が裏づけられているのが、マインドフルネスだ（Shortland et al., 2021）。三分間のマインドフルネスを行うだけで、的確かつ速やかな意思決定を容易にする効果が見られている。

マインドフルネスとは、瞑想を用いた方法で、リラックスした姿勢で目を閉じ、呼吸や体を感じながら、あるがままの自分を感じようとする。雑念が減り、集中力が高まる効果や、うつや不安が改善する効果もよく知られている。

このマインドフルネスの研究で用いられた意思決定は、**最小最悪意思決定（least worst decisions）**と呼ばれるタイプのものだ。一番よい選択をするというよりも、最悪を避けられる選択をする決断のことだ。これについて少し付言《ふげん》しておこう。

われわれはいま大変な危機の時代に暮らしている。新型コロナウイルス感染症のような、これまで経験したことのないような事態が次々と襲いかかってくる。「観測史上初」といった用語が、毎年のように連呼され、未曾有《みぞう》の災害が次々と起きている。

また、テクノロジーの発達は、われわれの生活を、想像をはるかにしのぐほど便利にしてきたが、同時に予想もしなかったような副産物や副作用も生じている。こうした経験則の成り立たない状況において、何とか生き延びるためには、どう事態を判断すればよいのかということが、喫緊《きっきん》の課題となっている。

その場合、最適で最善の答えを知ろうとしても無理である。何が最善かは、その危機がすっかり終わってからでないとわからないのが普通だし、問題の種類によっては、何年も、何十年も経ってからしかわからないということもしばしばだ。しかし、そのころには、もう勝負がついていて、われわれはこの世にいないかもしれない。

限られた時間のなかで、目の前の事態にとりあえず何らかの決断をし、危機を乗り越え、問題に対処しなければならないわけだ。そうした際に有用だとされるのが、最善の手を選ぼうとするのではなく、最悪の事態を避けることを優先した決断（最小最悪意思決定）である。

最善を選ぼうとすると、どうしても時間がかかり、判断がつかなくて動けなくなってしまう。ぐずぐずしているうちに、取り返しのつかない事態を招いてしまうということも起きかねない。

それに対して、最小最悪意思決定は、最悪の事態に陥る危険を最小にする方法を選択すればいいので、決断が比較的容易で、迅速に対処することができる。もちろん空振りに終わったり、すべての被害を免れられるわけではないが、最悪の事態だけは避けられる可能性が高い。

取り込む情報を減らして、振り返るスペースをつくる

われわれは情報の洪水のなかで暮らしている。マインドフルネスには、情報の入力を遮断して、神経機構に束の間の静寂を取り戻すという働きもある。

情報があふれすぎると、意思決定は、目先の情報に左右されやすいことが知られて

いる。われわれのワーキングメモリの容量はとても小さいので、ADHDの人でなくても、適切な判断をすることは容易ではない。一番最近に接した情報に左右されやすいのである。

自分が意思決定を行っているようで、実際には、たまたま最後に触れた、センセーショナルな情報を鵜呑みにして、自分の決断だと勘違いしてしまうことも多い。

情報があふれればあふれるほど、いったん情報から心を隔離して、自分の感覚を取り戻すことが、適切な意思決定だけでなく、心身の健康の維持のためにも重要になる。グーグルなどのIT企業でも、マインドフルネスは積極的に取り入れられているが、情報産業で働く人々ほど、情報に呑み込まれない対処法が必要なのかもしれない。

意思決定やプランニングが弱い人ほどすぐ決めてしまう

何を選択するかが、われわれの人生を決定していく。意思決定は、われわれの苦労と努力が報われるか、水の泡になってしまうかを左右するほど重要なプロセスだが、しっかりと問題に向き合い、納得がいくまで考え抜いて決断するということは、そう簡単ではない。

意思決定やプランニングが苦手な人ほど、ろくに考えもせずに、重要な決定をしてしまう傾向がある。ＡＤＨＤの傾向をもった方では、衝動性に加えて、待つということが苦手なため、何でもすぐに決めて、すぐに手に入れたくなるのだ。

いったん手に入れてしまったら、何年もローンに縛られるという場合もあるし、間違ったパートナーを相手に選んでしまったら、一生の不作と言われるような不幸を背負ってしまうこともある。

すぐに決めてしまう人や、待つのが苦手ですぐに商品を包んだビニール袋を引き裂いてしまう人は、意思決定やプランニングに課題が推測される。まずは、すぐに決断しない、手に入れるのを焦らない習慣を身につけよう。

決断を促されたときは、相手のペースに乗らず、「よく検討してみる」とか「家族に相談しないと」といった言葉で、とりあえず態度を保留する。すぐに決めさせようと、相手がやっきになる場合には、ちょっと怪しいぞと思ったほうがよいだろう。そして、重要な問題を決定する場合には、次の二つのことを必ず行うようにすると、大きな失敗を防げる。

一つは、自分自身で行う作業だ。決断すべき選択肢をすべてノートに書く。そして、一つ一つの選択肢について、メリットとデメリットを書き込んでいく。

その場合に、現時点でのメリット、デメリットだけでなく、五年後、十年後といった将来の時点で予測されるメリット、デメリットも書くとよい。そして、その一つ一つに点数をつけていく。メリットはプラスの点数、デメリットはマイナスの点数だ。点数の値は、自分にとって、それがどれくらいプラスかマイナスかで決めてもよいが、実際の費用や収支が関係する場合には、その金額を書き込んでいく。

それらをすべて足し合わせた数値を比べる。より点数（金額）が高いほうが、デメリット（リスク）よりメリットが多い選択肢だと言える。

こうした作業を、しばらく時間をおいて行うと、点数が変わるのが普通だ。どちらに変化したのかによって、自分の気もちが固まっているのか、それとも冷めはじめているのかがわかる。

もう一つは、何人かの人の意見を聞いてみることだ。もちろん信頼できる人を選ぶ必要があるが、自分に厳しいことを言ってくれる人も、そのなかに一人は加えておき

意思決定のための補助ツール（バランスシート法）

選択肢		現時点	将来	合計点
(1)	メリット	① 点	① 点	※メリットはプラスの数値で、デメリットはマイナスの数値で記入し、合計点を出します。
		② 点	② 点	
		③ 点	③ 点	
	デメリット	① 点	① 点	
		② 点	② 点	
		③ 点	③ 点	点
(2)	メリット	① 点	① 点	※メリットはプラスの数値で、デメリットはマイナスの数値で記入し、合計点を出します。
		② 点	② 点	
		③ 点	③ 点	
	デメリット	① 点	① 点	
		② 点	② 点	
		③ 点	③ 点	点

たい。そして、その人から聞いた意見も加味しながら、もう一度、先ほどのノートに書き込んでみる。

なかには、自分の期待する意見とは異なるものもあるだろうが、そうした意見も組み入れることで、より広い角度からメリットとデメリットを検討することができる。そのうえで、最終的に決断を行うのである。

意思決定がなかなかできない三つのタイプ

衝動性の高い人が、あまり考えずに意思決定をしてしまうのとは対照的に、あまり重要でない問題でもなかなか決断ができないというタイプの人もいる。

そうした場合にも、大きく三つのタイプがある。

① 決断や責任を逃れようとする「回避性タイプ」

一つ目は、回避性として知られるタイプで、自分に責任や面倒が増えるのが嫌だったり、失敗したときのことを恐れて、重要な決断を避けてしまうタイプだ。つき合いはじめたのに、なかなか次の段階に進まず、相手は自分のことを本気で思ってくれているのか、わからなくなることもある。

②日常の動作にも時間がかかる「強迫性タイプ」

もう一つは、決断だけでなく、日常の動作も全般にゆっくりで、何ごとも丁寧だけれども、時間がかかるというタイプである。決まった通りにしようとする傾向があり、急いでいても手順を省いて、スピードアップをはかるということができない。

現状を変えることに強い抵抗や不安をもち、新しい変化やチャレンジに尻込みしてしまう場合もある。せかすと余計に混乱し、怒り出したりする。

いったん決断すると、その方針を貫こうとするので、その点では、信頼できると言える。

③何ごとも他人に頼る「依存性タイプ」

自分で決めるのが苦手で、洋服を選ぶときも、食べるものを選ぶときも、周囲の意見や選択に従ってしまうタイプだ。自分で決めることに自信がなく、相手の反応や評価ばかりを気にしてしまう。すぐ占いに頼ってしまうのも、このタイプの人だ。

これらの三つのタイプのうち、発達障害のグレーゾーンに見られやすいのは、①と②だが、まわりが守りすぎて、親が何でも代わりに決めていると、③のタイプになることもある。親に支配された不安型愛着スタイルの人には③が多い。

どの場合も、大した問題ではないように思われるかもしれないが、意思決定の積み重ねがその人の人生をつくり上げていくということを考えると、①や②のタイプでは、人生の可能性が狭まりがちであるし、③のタイプでは、自分の人生を生きることができない。自分の傾向を自覚したうえで、自分の幅を少しずつ広げていく努力はとても重要だと言える。

回避性の傾向をもつ人は、責任から逃げずに、問題に向き合うということが人生を変えていくし、強迫性の傾向をもつ人では、同じことの繰り返しではなく、変える勇気を出すことだ。変化を楽しめるようになると、人生は豊かさを増し、またより高い安定性を手に入れることにもつながる。

依存性の場合は、小さな決断から自分で決めるということを実践していくとよい。ノートに選択肢を書くという方法をぜひやってみよう。

プランニングを強化するトレーニング

意思決定の次の段階で、ものごとの成否を左右する大事なプロセスがプランニングである。プランニングとは、どういう戦略のもとで段取りを組むか。もっと要領のいいやり方や効率のいい方法はないか。またどういうタイムスケジュールで、一つ一つの課題をクリアしていくか。そうしたことをあらかじめ考慮する能力だ。

計画を立てることではじめて、その課題にはどれくらいの時間が必要で、期限までに終えるには、何をどれだけこなさなければならないのか、といったことが明らかとなる。受験勉強にしろ、事業や仕事での業務にしろ、出産や育児にしろ、住宅取得にしろ、計画も立てずにとりかかっては、いつ何をすればよいかもわからないし、成功はおぼつかない。

中学受験の場合、一つ問題なのは、このプランニングを塾や親がやってしまうことだ。まだプランニング能力が弱いので、子どもに任せていては時間が効率よく使えないという理由はよくわかるが、プランニング力を高めるせっかくの機会が活用されず、ただ、塾の先生や親が決めたスケジュールに沿って勉強をやらされるということになりがちだ。

中学受験をきっかけに、勉強の面白さに目覚める子よりも、させられ体験で終わってしまい、学習への意欲が低下してしまう子が少なくないのは、本人が意思決定しプランニングして学習を進めるという主体的な関与の部分を、ショートカットしてしまった結果のようにも思える。

できることならば、本人が学ぼうという決断を尊重するだけでなく、学習の進め方についても、自らプランニングさせて取り組ませるというのが、将来まで見据えるととても大事なことだろう。

プランニング力を強化するためには、自分で企画・計画し、それを実際にやってみて、うまくいかないところを修正するということを、積み重ねていく必要がある。小さいころから、自分のものやお小遣いを管理させたり、旅行の際に、計画を立てさせたり、夏休みや冬休みのスケジュールを立てさせたりといったことで、計画することの楽しさを味わわせるのもよいきっかけになるだろう。

薬物療法に安易に頼らない

ＡＤＨＤの改善には、手っとり早く効果が期待できる方法として、薬物療法が選ばれることも多いが、低年齢のうちや、投与初期には効果が得られても、次第に効果が薄れてくることも多い。効果がないケースや、副作用のために中断するケースも多く、長期的には効果に疑問がもたれており、うつや無気力、不安といった傾向が強まる場合もある。

そうしたなか、安全で、かつ改善効果が期待されているのが、ニューロフィードバック・トレーニングである。脳波をモニターしながら、集中とリラックス、ゾーンの状態などを自分でコントロールする力を高める方法である。薬物療法では効果が得られにくかった学業の成績改善にも、効果が報告されている。

一方、親が何とか言うことを聞かせようとして悪循環を生じていることも多く、その場合はペアレント・トレーニングや愛着アプローチが有用である。愛着アプローチは、非行や自傷などの難しい問題が生じている場合にも、効果が期待できる。

第 8 章

動きがぎこちない人たち

発達性協調運動障害

「発達性協調運動障害」とは？

ＡＳＤ（自閉スペクトラム症）でも、ＡＤＨＤ（注意欠如・多動症障害）でも、学習障害（ＬＤ）や知的障害でも、しばしば運動の不器用さやバランス感覚の問題をともなっていることが多い。

中枢神経が発達する段階では、大脳も小脳も一体となって発達していくので、全体に発達が悪くなる場合もあるし、ときには、発達のバランスが領域によってばらつき、大脳の発達に比べて小脳の発達が悪いという場合もある。そうした場合には、頭はいいのだが、身のこなしや運動に難があるということになりやすい。

運動や手先が苦手というだけでは、発達障害と診断されるケースは少ないが、小さな子どもで不器用さが目立つ場合には、**「発達性協調運動障害」**という診断を受けることがある。自閉症を疑って検査、診断を行ったものの、年齢が低いこともあり、診断をつけるには至らないという場合、診断がより容易な「発達性協調運動障害」の診断だけがつけられるのだ。

協調運動とは、左右の手足を組み合わせて行う運動のことで、手を振って歩くのも、ハサミを使って紙を切ったり、リンゴの皮をむいたり、縄跳びをしたり、球技などのスポーツをしたり、ダンスをしたりするのも、すべて協調運動である。発達性協調運動障害とは、その子、その人の年齢から期待されるよりも、協調運動の進歩が遅く、また一生懸命練習してもなかなか身につかず、上達が遅いことで生活に支障が出る場合に診断される。

それ以外にも、身近に見られやすいエピソードとしては、ものをよく落とすとか、よくぶつかるとか、ケガをするといったことや、字が汚いとか、自転車に乗れないとか、いくら練習しても楽器やゲームがうまくならないといったことも挙げられる。

一言で言えば、不器用だということだが、「不器用」という言葉には負のイメージが強く、「発達性協調運動障害」という診断名が使われるようになった。

もっとも、「不器用」と言われるのと、「発達性協調運動障害」だと言われるのと、どちらが気が休まるかは微妙な問題だろう。不器用ならば、ただの特性や個性だが、医学的な名称で言われると、れっきとした障害とされてしまうようで、「不器用」のほうがいいと言われる方もいらっしゃるかもしれない。

協調運動の得意不得意は発達障害のよい指標になる

この障害が推測される人には、グレーゾーンが疑われる人が非常に多い。

童話作家で詩人の宮沢賢治は運動が苦手であったし、推理作家の江戸川乱歩も体操で苦労した。日本を代表する作家の一人、川端康成も、体育と数学は散々だったようだ。イーロン・マスクも運動はからっきしだったし、絵は上手だったウォルト・ディズニーも、運動神経はよくなかった。しかし、担任の先生の熱心な指導のおかげで、ウォルトは一度リレーで優勝したことがあった。自分のことを応援し続けてくれたその先生への恩義を忘れず、ウォルトは生涯文通を絶やさなかったという。

歩き出したのが遅いとか、積み木をなかなか積めなかったとか、ハサミの使い方、鉛筆やお箸の握り方がおかしかったといったことも、よく出会う特徴である。ボタンを自分でかけられなかったり、着替えができなかったり、靴紐が結べなかったりといったことも、この障害を疑うエピソードである。

歩行状態や走っている様子を見ているだけで、バランスの悪さやぎこちなさが見られることも多い。簡単にできて診断に役立つ検査としては、閉眼ステッピングがある。

両手を大きく振って足踏み行進をしてもらいながら、目を閉じて、そのまま続けるように指示すると、協調運動がスムーズでない子では、手と足のバランスが悪いだけでなく、左右どちらかに回転しはじめる。

協調運動の障害と関係が深い問題は、眼球運動の障害だ。指先をゆっくり左右に動かして、目で追ってもらうと、眼球運動の障害がある子ではスムーズに追えず、止まったり、突然逆戻りしたり、ぎこちない動きを示す。追跡運動がスムーズにできない場合、文字を読んだり、書き写したり、細かい作業をしたりするとき、うまくできない原因になる。

運動やダンスが苦手でも、困るのは体育の時間や運動会のシーズンだけだが、毎日のこととして困るのは、書字の問題だ。字が汚くて、否定的な評価を受けたり、字を書くことに苦手意識をもってしまうこともある。

かくいう筆者も、字の汚さでは、子どものころからずいぶん苦労した。同じことを書いていても、字がきれいな子は、教師の評価も高く、逆に字が汚いと、いくら内容をがんばって書いても、まともに読んでもらうこともできず、「何だこの汚い字は」とそこばかり貶《けな》されてしまう。

二十代のころに、小説家を志望して、新人賞に何度か応募したことがあるが、最初のころは手書きだったこともあり、一次予選さえ一度も通過したことはなかった。ワープロを使うようになったのは、三十代になってからで、はじめて一次予選を通過したことを覚えている。それから、最終候補に残るまでに、さらに七、八年かかった。ワープロが発明されていなかったら、作家の端くれにもなれなかったかもしれない。

ただ、少し驚いたのは、医療少年院に勤めていたときのことだ。ほとんどが京都大学医学部出身の医員だったが、どの先生もあまりカルテの字がお上手ではなく、私よりも格段に字が汚いドクターが二人もいた！　二人とも、医師としても研究者としても優秀で、一人は、その後、京都大学医学部の教授になられた。

目くそ鼻くそを嗤《わら》うになってはいけないが、私は少しほっとすると同時に、知的な能力と字のきれいさはあまり関係ないのだなと、改めて思った次第だ。

発達性協調運動障害があっても、それほど深刻にならなくてもよいとも言えるが、しかし、ちゃんとしたトレーニングを受けて早い段階で改善できるものなら、そのほうがずっといいに違いない。

また、私事で恐縮だが、私の字が少しましになったのは、ラブレターを書くために、自分でペン習字の特訓をしてからだ。あまりにみっともない字では、はなから相手にしてもらえないだろうと、一念発起して取り組んだというわけだ。残念ながら、恋は実らなかったが、それ以降、書字の汚さが少しはましになった。

発達性協調運動障害では、固有覚や前庭覚《ぜんていかく》の問題をともなっていることも多い。固有覚とは、自分の体の位置や角度を知覚する感覚だ。固有覚が弱いと、周囲の人やものとの距離感を見誤ってしまい、ぶつかりやすいし、手足の曲がり具合が感じとれず、マット運動や鉄棒をしたときに、上手な試技ができない。

また姿勢保持が難しく、そのため長時間着席しているのがとても苦痛に感じられやすい。多動と片づけられてしまうこともあるが、姿勢保持が困難であることと多動とは異なる状態で、対処も異なってくるので、違いを見分けることは重要だ。

体の動きが不器用だと、コミュニケーションが苦手になりやすい

発達性協調運動障害には、小脳や前庭器官の問題だけでなく、左右の脳をつなぐ脳梁《のうりょう》の発達や、視覚と運動を統合する大脳皮質の領域の働きも関係している。

また、視空間的なワーキングメモリも関係する。ダンスや振りつけなどの身のこなしを素早く習得するためには、目で見てその動きを覚える必要があるのだが、そこにかかわるのは、数字や言葉を覚える聴覚的ワーキングメモリとは、別の能力なのだ。

協調運動は、単なる器用さだけでなく、社会性の能力やスキルにも関係している。手先や身のこなしの不器用さは、社会的な不器用さと連動しやすいのだ。立ち居振舞いのぎこちなさは、相手に不利な印象を与えてしまい、からかいの対象になる場合もある。協調運動がスムーズにできるかどうかは、コミュニケーションの能力とも深く結びついている。

そのため、発達性協調運動障害が認められる場合、生活上の支障が運動面だけということはむしろ少なく、コミュニケーションや対人関係、こだわりの面でも、バランスの悪さが認められやすい。

その意味で、発達性協調運動障害は、独立した一つの障害というよりも、発達の課題全般にともないやすい、頻度の高い、身近な指標だと言える。

発達性協調運動障害が重要なのは、早い段階から発達の課題に気づく重要なサインであるということが一つ、そして、もう一つは、発達の課題を改善していく手がかりとなり、またバロメーターともなるということだ。

単に運動や手先の問題として軽視せずに、トレーニングする機会を増やすことで、かなりの部分は克服されるだけでなく、社会的なスキルの改善につながることも期待される。

板書が苦手な中学生

中学一年生のR君は、どうしても板書《ばんしょ》がうまくできなかった。黒板からノートに目を移している間にどこを見ているのかわからなくなって、うまく書き写せないのだ。

いつもノートはぐちゃぐちゃになったうえに、時間切れになってしまう。眼球運動がスムーズでないことを指摘され、目のトレーニング（ヴィジョン・トレーニング）を受けたこともある。その効果で、前より字を上手に書いたり、文字をスムーズに読んだりできるようになった。しかし、板書だけはどうしてもうまくできない。母親は、この子には、板書は無理なのだと諦めていた。

R君の発達支援を担当した心理スタッフは、R君の体の動きが、どこかバランスが悪いことに気づいた。手と足の動きや左右の動きがちぐはぐで、うまく連動していないのだ。心理スタッフは、板書がうまくできない原因が、単に目の動きが悪いためだけでなく、手と目の動きが連動していないためではないかと考えた。

両者がうまく連動するようになるためには、目のトレーニングばかりをしていてもうまくいかないのではないか。むしろ、体を連動させるトレーニングが必要ではないのか。そこで、ブレインジム（アメリカの教育学博士ポール・デニソン氏が開発した脳を活性化させる体操）を取り入れたセッション・プログラムを作成し、R君のトレーニングに導入した。

案の定、R君は、ブレインジムの基本的な動きがうまくできなかった。最初、R君はいらだって、意欲をなくしそうになったこともあったが、担当スタッフは、R君の動きが少しずつよくなっていると励まして、毎回トレーニングを続けた。

ある日、母親がやってくるなり、歓喜の声を上げた。R君が急に板書できるようになったというのだ。担当していた心理士も同じくらい驚いたが、それをきっかけにR君は学習全般に対しても、とても意欲的に変化したのである。

脳の統合を助けるトレーニングとは？

球技や体操、水泳などを幼いころから習うことは、協調運動の改善に有効である。ピアノやエレクトーンでは左右の手の異なる動きや足のペダルを同時に使いこなすことが必要で、そうした訓練は、左右の脳の統合を促すと考えられる。

実際、運動全般はあまり得意ではない場合も、幼いころから習った楽器やスポーツでは、かなりの上達を示すケースが少なくないことから、協調運動に多少の困難があっても、幼いころからのトレーニングによって、それを克服できると考えられる。

幼いころは不器用だったのに、練習を積み重ねて、プロスポーツの選手として活躍する人もいる。年齢が上がってから、そうした活動に取り組むことも、ある程度有効だろう。不器用だという人が、外科医になって活躍している例は意外に多い。

運動は苦手だからと諦めてしまっては、変化は生まれず、ただ苦手意識と回避する癖だけが残ってしまう。熟練においてはトレーニングが重要なのである。

音楽学校の生徒を対象にした研究によると、プロの領域に達することができるか、アマチュアにとどまるかは、同じくらいの能力をもっていたとしても、練習時間によって決定的に左右されていたのだ。プロ級の腕前に達した人は、20歳になるまでに累積練習時間が一万時間に達していたのに対して、平凡な生徒では、二千時間程度にとどまった。努力は天才を生むのである。

ハリー・ポッター役のダニエル・ラドクリフの場合

Gareth Cattermole／gettyimages

世界的に大ヒットした映画『ハリー・ポッター』シリーズで、ハリー・ポッター役を演じるダニエル・ラドクリフは、自著で発達性協調運動障害があることをカミングアウトしている。

ラドクリフは、7歳のとき、「失行症」と診断されたが、当時イギリスでは、発達性協調運動障害にそうした診断名が使われていた。ラドクリフは、自転車にうまく乗れなかったり、泳ぎが苦手だったり、靴の紐を結ぶのに苦労したりしたという。

そうしたラドクリフも、俳優として活躍し、映画のなかではアクションシーンを演じてもいる。演劇は、彼にとって、とてもよいトレーニングの場ともなったのである。

第9章

勉強が苦手な人たち

学習障害と境界知能

勉強が苦手になる五つの原因とは？

勉強が苦手というケースでも、その子のもつ特性はさまざまだ。原因により、大きく五つくらいのタイプに分けられるだろう。

一つは、知的能力が全般に低い場合で**「知的障害」**と呼ばれる。意外に気づかれにくく、支援からも漏れやすいのは、知能のグレーゾーンで、**「境界知能」**の場合だ。

また、言語面の能力だけが低いものが、**「言語障害」**だ。数学は得意なのに、国語や社会が極端に苦手で、話す言葉もたどたどしいという場合に疑われる。

三番目は、全般的な知能は正常範囲なのに、ある領域の学習能力だけが極端に低いもので**「学習障害」**と呼ばれる。つまり、学習障害は、勉強ができないという意味ではない。漢字を書くこと、文字や文章を読むこと、計算や算数といった一つの領域が極端に弱いところがあるとき、診断される。ある領域に限られていることを示すために、「限局性学習障害」という用語も使われる。

四番目は、知的能力自体の問題によるというよりも、注意力や課題遂行の能力の問題のため、集中力が維持できなかったり、提出期限が守れなかったりして、学業に支障をきたすもので、ＡＤＨＤが代表である。

五番目も、知的能力自体の低下はないものの、こだわりが強く、関心が偏ってしまうために、好きな教科しか勉強しなかったり、細部にばかり気をとられ、効率のよい勉強ができず、よい成績がとれない場合で、ＡＳＤ（自閉スペクトラム症）の傾向をもった子によく見られる状況だ。

本章では、グレーゾーンのケースに多い、境界知能と学習障害を中心に説明することにしよう。

気づかれにくい知的障害のケース

早く知的障害の存在に気づかれた場合は、さまざまな支援を受けられるので、障害はあっても、その子なりのペースで発達していけると言える。むしろ問題は、知的障害の存在がわからないまま、普通学級で無理を強いられた場合や、知的障害というほどではない境界レベルの場合だ。

気づかれにくいケースとしては、ある部分の能力が高いため、ほかの能力もそんなに低いはずはないと、周囲が思い込んでしまう場合が多い。

たとえば、言語や社会性の能力が比較的高く、コミュニケーションにあまり問題がないという場合、印象としては、知的障害があるように感じられない。しかし、知覚統合や作動記憶が低いため、学習内容が難しくなると、ついていけなくなってしまう。どうして、こんなことができないんだろうと、周囲は意外に思うわけだが、知能検査をしてはじめて、大きなハンディを抱えていることに気づくことになる。

境界知能は、知能指数が70~80（85とする場合も）のレベルの知能をもつ場合をいう。一般人口の二割近い人が当てはまる。なかには、小学校までは成績がよい子もいる。しかし、勉強内容が難しくなり、抽象的で高度な理解力を必要とするようになると、次第についていくのが苦しくなっていく。努力だけでは、補いきれなくなってしまうのだ。

しかし、周囲からは、高い期待をかけられている場合もあり、次第にまわりの期待が重荷になっていく。一方的に期待を押しつけようとする親との関係が悪化し、反抗や非行に向かうケースや、ゲームや恋愛、薬物乱用など依存的な行為にのめり込むケースもある。勉強では結果が出せない挫折感を、ほかのかたちで発散しようとするのだ。期待に押しつぶされて自信を失い、引きこもりに陥る場合もある。

こうした場合、発達検査を受けて、本人の現実を客観的に知り、親が過大な期待をかけるのを止めることで、事態が改善に向かうことが多い。

医学部しか選択肢のなかった青年

Y君は、父親も祖父も医者で、子どものときから医者になることが当然のこととされて育った。小学校まで期待に応えてそれなりの成績をとり、中学受験をして、私立の進学校に入ることもできた。

ところが、中学に入ってから次第に成績が伸び悩むようになり、それにつれて親との関係もぎくしゃくするようになった。父親は努力が足りないと、勉強法や勉強時間にまで口出しし、勉強に専念させるため部活動も止めさせてしまった。

しかし、Y君の成績はいっそう低迷し、高校にはどうにか上がったものの、勉強への意欲もなくし、高校一年の二学期から学校も休みがちとなってしまった。このままでは、医学部進学どころか、高校も卒業できないという事態に、両親は息子を連れて医療機関に相談にやってきたのである。

念のため発達検査を行ったところ、判明したのは、Y君のIQが思ったよりずっと低く、80台前半にとどまるということだった。言語理解は90台だったが、知覚統合や処理速度は70台だった。

Y君の意欲が低下していたということが影響して、低い数値になった可能性を考慮しても、Y君がかなり無理をしてがんばっていたことが推測された。医学部に入ることだけが至上命令となり、その子の特性や能力をよく見ることもなく、期待とプレッシャーだけが与えられていたのだ。

息子の現実を知った両親は、Y君に過剰な期待をかける態度を改め、本人の気もちや意思を尊重するようになった。Y君は、次第に明るさを取り戻し、ほかの高校に転入したのち、芸術的な方面に進むことを選んだ。もともとY君は、そちらの方面に素質をもっていたのである。

Y君の場合は、高校の段階で適性の問題に気づき、進路変更をしたので、ダメージを小さくすることができたが、なかには、無理に無理を重ねてどうにか医学部、歯学部に進んでしまってから、適性の違いに気づき、医師や歯科医師になることを断念するというケースもある。そうした悲劇を防ぐためにも、こちらの期待ではなく、本人の適性に曇りのない目を注ぐ必要があるだろう。

不登校から引きこもりになっていた女性

M子さんは、控えめでもの静かな二十代の女性である。小学校の高学年から学校を休みがちとなり、中学校はほとんど通えなかった。通信制高校を出て、バイトをはじめたが、どこも長続きせず、次第に自信を失って、引きこもりの状態になっていた。そして、ある日、家族に就活もしていないことをなじられたことで、大量服薬による自殺企図《じさつきと》をしたのである。

その後、少しずつ元気になったが、なかなか仕事に踏み出す気にはなれないようだった。バイトがうまくいかず、すっかり自信をなくしただけでなく、働くことがトラウマになっていたのだ。

M子さんの家は、母子家庭だったこともあり、経済的に余裕がないうえに、母親と祖母の仲が悪く、いつもお金のことでケンカをしていたので、M子さんとしては、働いて自立したいという思いもあった。

だいぶ元気になったころ、今後の方針を考えるうえでの参考にと、発達検査を行うことになった。その結果、M子さんのＩＱが70台前半にとどまることがわかった。境界知能ということになるが、75を知的障害の境界ラインとする場合もあり、その基準でいくと、軽度な知的障害があることになる。

M子さんは控えめではあるが、質問にもしっかりと受け答えをし、気遣いもできる女性で、検査をするまでは、そういう課題があるとは思い及ばなかったのである。

IQの数値から考えると、M子さんが小学校高学年から学校を休みがちになり、中学校の間、不登校だったことも、仕事が長続きしなかったことも、理解しやすい。不安が強いということもあっただろうが、勉強についていけなくなり、授業が苦痛になっていたことや、仕事で言われる指示や作業の手順が頭に入らず、行き詰まってしまったという状況が推測された。本人のハンディに気づいて、きちんとした支援を受けられていたら、状況は変わっていたかもしれない。

その後、M子さんは、精神障害者保健福祉手帳を取得し、就労移行支援を経て、障害者枠で仕事に採用された。最初は不安が強かったようだが、いまは仕事に慣れ、楽しそうに職場の話もできるようになった。家庭から離れる時間ができたことで、家族とも少し距離がとれて、その点でも楽になったようだ。

このケースのように、境界レベルの知的障害のケースでは、問題に気づかれていない場合も少なくない。検査をして、現状を把握し、適切な支援を受けることは、その後の人生にとって、とても重要だと言える。

勉強は苦手だけれど、実技や表現は得意――LDと視覚・空間タイプ

もう一つ、勉強が苦手な原因となることが多いのが**学習障害（LD）**だ。学習障害は、知的能力は低くないのに、読み書きとか計算といった特定の領域の学習だけが苦手なタイプである。苦手な領域が一つの領域に限られている場合もあるし、いくつかにまたがっている場合もある。それでも、知的能力は正常範囲ということは、ほかに優れた点があるからだ。

作業的な能力が長けているという場合や、視覚・空間的な能力が高く、運動や工作、技術、芸術、演劇などの分野に優れているという場合もある。匠《たくみ》と呼ばれるような職人や名工、アーティスト、詩人など一芸に秀でた人には、学習障害やその傾向をもった方が少なくない。凸凹がないと、特別な能力は生まれないようだ。

学習障害と近い関係にあるのが、**「視覚・空間型」**と呼ばれるタイプで、言葉で考

えたり表現したりすることは苦手だが、目や手足、体を使って、実際に作業しながら、感覚的に理解したり表現したりすることが得意なタイプだ。座学には向かないが、実技となると生き生きとして、本領を発揮する。

視覚・空間型の人では、しばしばある領域に異才をもつことがある。言語的な能力も劣っているとは限らず、詩人には、視覚・空間型の特性をもつ人が少なくない。

詩人の金子光晴は、学校に自分の居場所はないと感じていたが、幾何学《きかがく》と絵だけは得意だった。『ちいさい秋みつけた』などの作品で知られる童謡作家で詩人のサトウハチローは、母親を捨てた父親に反発して非行に走り、札付きの不良になっていたが、また野球少年でもあった。

『ネバーエンディング・ストーリー』などファンタジックな児童文学の金字塔を打ち立てたドイツの作家ミヒャエル・エンデは、大の学校嫌いで、落第生だった。古典語も数学も悲惨な成績だったが、唯一図画だけは成績がよかった。作品を彩るあの豊かなイメージは、視覚・空間型ゆえのものなのだろう。

このタイプの人を伸ばすには、あまり勉強にはこだわらず、好きな道や適した分野を見つけて、手に職をつけさせることである。自分のやりたいことを追求しているうちに、天性の才能が開花し、大化けすることもある。

学習障害では処理速度が速いことが多い

学習障害では、言語理解やワーキングメモリが低く、処理速度が高いというパターンを示しやすい。処理速度は比較的単純な課題を素早く処理する能力だが、それがほかの群指数よりもずっと高いということは、逆に言うと、言語理解、知覚統合などの複雑な処理や知識を必要とする課題が苦手だということだ。

英語や数学のような、いわゆる学習課題は苦手だが、単純作業をてきぱき行う能力は優れている。学校時代は、勉強で苦労しがちで、つらいことも多いが、本人の特性に合った技能や職業に出会えると、社会に出てから活躍するケースも多いのである。

ASDの傾向をもつ場合

処理速度だけが高いというケースでは、程度の差はあれ、社会的コミュニケーションの困難をともないやすい。言語理解やワーキングメモリが弱く、言葉を操るのも話を聞きとるのも苦手なうえに、知覚統合も弱く、場の状況や相手の立場を読みとるのが不得手ということになれば、社会的コミュニケーションがうまくいかないとしても、ある意味、無理はないと言える。

なかには、ASDの傾向をもつ場合もある。ASDにも、処理速度が相対的に低いタイプ、つまり、言語・記憶優位な理屈っぽいタイプと、処理速度が相対的に高い、単純作業が得意なタイプがあると言える。同じASDタイプでも、特性が大きく異なるため、職業選択においてこうした点を考慮することはとても重要である。

学習障害の六つの領域とは？

今日、限局性学習障害として知られるものでは、ある領域の学習能力だけが極端に弱い傾向を示す。とくに、次の六つの領域の学習障害がよく知られている。

①文字の読み：音読が苦手ということにもっとも顕著に表れる。
②文の理解：読解力が弱く、文章の意味が理解できない。
③綴字の困難：文字を綴ることが困難で、ひらがなやカタカナが正確に書けない、漢字が書けない、アルファベットの綴りが覚えられないなどがある。

④作文の困難：思考を文章化して表現したり、文法的、語法的に正しく表現することができない。

⑤数字の理解や計算の困難：数が何を表しているかを理解したり、計算をしたりするのが難しい。

⑥数学的推論の困難：問題文から情報を整理して立式《りっしき》したり、パズル的な問題を解いたりするのが困難（数学の応用問題、思考問題が極度に苦手）。

①②を合わせて**「読字障害」**、③④を合わせて**「書字表出障害」**、⑤⑥を合わせて**「算数障害」**という用語も使われる。

俳優のトム・クルーズは、音読がうまくできず、小学一年生のときに読字障害と診断された。画家のピカソは読字障害に加えて、計算もダメで、算数障害があった。ディズニー映画の生みの親、ウォルト・ディズニーは絵を描くことと学芸会の演劇以外には関心がなく、読み書き計算どれも悲惨な成績だった。

読み書き計算は問題なくても、文章の読解が苦手なお子さんや作文が苦手なお子さん、数学の応用問題や思考問題が苦手なお子さんは、ざらにいると言える。そうしたケースはいちいち学習障害と診断されることもないし、よほど極端でないかぎりは、グレーゾーンに属すると言えるだろう。

ただ、読解力や作文、思考問題などが重視される昨今、何か有効な対策はないかと感じている人も多いに違いない。

学習障害とワーキングメモリ

学習障害には、さまざまな能力の課題が絡み、一つの能力だけでは論じられないが、とりわけ学習障害と関係が深いと考えられているのが言語理解と**ワーキングメモリ（作動記憶）**だ。とりわけワーキングメモリが、よりベースの問題に関係していることが多い。

ワーキングメモリの低下があると、数字や言葉を頭にとどめておくのが困難になるため、計算や文章の理解がスムーズにできないし、とくに何段階もの処理が必要な計算や長い文章の聞きとりや読解が難しくなる。

言語理解だけが低いという場合には、言語の発達だけが悪い言語障害の可能性も考慮する必要がある。学習障害では、ワーキングメモリも低下していることが多い。

ワーキングメモリとは一時的に記憶を保持する、脳のメモ用紙のような役割をしているが、単に記憶するだけでなく、理解したり、思考したりするときにもフル活用される。したがって、メモ用紙というよりも、コンピュータのCPU（中央演算処理装置）のような役割を担っていると言える。

CPUの容量が大きく、性能が高いほど、速いスピードで情報処理ができるわけだが、逆の場合、コンピュータが始終フリーズしてしまうように、処理が滞ってしまいやすい。

長文の読解とか、作文、数学の応用問題のように、たくさんの情報から必要な情報を取り出したり、思考を論理的に展開したり、いくつかの要素から全体を構成したりする高度な課題においては、ワーキングメモリの容量と性能がものを言うのである。

ワーキングメモリが弱いと何が起きるか

知能には、知識といった経験的な蓄積によって獲得された「結晶性知能」と、いま目の前にある情報を素早く読みとり、課題処理を行う「流動性知能」があるとされる。

ワーキングメモリは、流動性知能において中心的な役割を果たしていると考えられている。さらに、結晶性知能、流動性知能の根底には、共通する因子があり、その因子の正体はワーキングメモリだとする学者もいる。

いずれにしても、ワーキングメモリは、知能全般、ことに目の前の現実に対処する能力において、コアな役割を担っていることになる。

全般的な知能は正常範囲だが、ワーキングメモリが境界レベル以下であるという場合、まず起きやすいのが学習の困難だが、それ以外にも、さまざまな問題が生じやすくなる。

ワーキングメモリは、読み書きや計算はもちろん、感情や行動をコントロールしたり、計画的に行動したり、コミュニケーションをとって相手を理解したり、大きな視点に立って注意を切り換えたり、ものごとの悪い面よりもよい面を見たりすることにもかかわっている。ワーキングメモリが弱いと、そうしたことがうまくできなくなるのだ。

ワーキングメモリの容量が小さいということは、小さな器で外界から入ってくる情報の洪水に対処しなければならないようなもので、すぐにいっぱいになってあふれ出してしまう。すると、その場の状況に流された判断をしてしまったり、悪い考えにとられ続けたりしやすい。

聞きとりの弱さとワーキングメモリ

聞きとりが弱いと、子どもの時代には、先生の指示が頭に入らず、聞いていても上の空ということになりやすい。大人になっても、仕事での指示を聞き漏らしたり、聞き違えしたりして、ミスにつながりやすい。

聞きとりが弱い要因の一つとして、ワーキングメモリが弱いことが挙げられる。ワーキングメモリは、耳で聞いたことを一時的に覚えておくメモ的な記憶で、それが弱いと、長々としゃべられたりした場合、最初のほうに聞いたことが容量オーバーになって抜け落ちてしまう。

人間が一時的に覚えておける記憶の容量はごく限られたもので、羅列した数字を覚えておける個数は、平均で7個が限界、10個覚えておける人は非常に稀だ。人間はわずか10個の数字さえ覚えていられないのである。

文の場合は、意味内容という助けがあるため、何十文字かの文を一度聞いただけで覚えることもできる。しかし、10個以上のバラバラのキーワードを含む文章を思い出すことは簡単ではない。もっとも、キーワード同士が、内容的に関連づけられたものであれば、難易度は下がる。知識が、内容の推測を助け、記憶を容易にしてくれるのだ。

同時通訳者の方は、とても強力なワーキングメモリをもっている。一つの言語を聞きとりながら、翻訳して、別の言語をしゃべるという三つの処理を同時にスムーズに行えるためには、とほうもないワーキングメモリが必要になる。彼らもそうしたことを最初からできたわけではない。訓練によって獲得した能力だ。つまり、ワーキングメモリは訓練によって鍛えることができるのである。

ワーキングメモリは社会的スキルとも無関係ではない

ワーキングメモリという一見単純な機能が、じつは重要な役割を果たしていることが近年解明されてきた。ワーキングメモリがほかの群指数よりも相対的に弱い人では、社会的スキルや社会的想像力が弱いという傾向が見られるのだ。

ワーキングメモリの容量が小さいと、目の前の状況でいっぱいになりやすく、周囲の状況に気を回すことができなくなり、言うべきことを言ったり、配慮すべきことを念頭に置いて発言したりすることも難しくなる。

相手の立場に立って考えるためにも、相手がどんな状況にいるかを、さまざまな観点から考慮する必要があるが、一つか二つのことで頭がいっぱいになってしまうのでは、必要な心遣いをすることも容易ではない。その場にふさわしい仕方で、そつなく振る舞うためにも、ある程度容量のあるワーキングメモリが必要なのである。

ワーキングメモリが乏しいと、何を言っていいかもわからないまま、ボーッと突っ立っているということも起きやすいし、この間のお礼を言うとか、将来の助力を得るために根回しするということも思いつかない。

機転が利くとか、よく気がつくということが、立身出世のチャンスとなることも多いが、そうした能力にはワーキングメモリの働きが大いに関係していると考えられる。

ワーキングメモリを調べる「数唱」からわかること

ワーキングメモリを調べるためによく使われる方法に「数唱《すうしょう》」課題がある。ランダムに並んだ数字を読み上げて、そのままの順番で唱えさせる「順唱」、逆の順に答えさせる「逆唱」の両方を行う。少ない桁からはじめて、桁数を次第に増やしていく。

じつは、この単純な課題が、通常の発達検査で行われる十四の課題のうちで、コミュニケーションや社会的スキル、社会的想像力といった社会的コミュニケーションの困難ともっとも高い相関を示す。「数唱」課題の成績が悪い人ほど、コミュニケーション、社会的スキル、社会的想像力に困難があると感じているのである。

意外なことに、語彙の豊富さは、コミュニケーションや社会的スキルに役立つどころか、語彙の成績が高い人ほど、コミュニケーションや社会的スキルで困難を感じているという傾向さえ見られる。

それに対して、コミュニケーションの困難が少ない人では、ワーキングメモリの課題とともに、視点を切り替える課題や変化を予測する課題の成績がよい。後者の二つの課題は、知覚統合に関係する課題である。

つまり、コミュニケーション力を高めるためには、言語的な訓練ばかりをしてもさほど役に立たず、むしろ、ワーキングメモリを高めたり、視点の切り替えや変化を予測する力を磨き、知覚統合を高めることのほうが有用だったりするのだ。

難しい言葉を使ったり、雄弁に話すことが、必ずしも優れたコミュニケーションではない。その場にふさわしく、相手の反応に応じた相互的なコミュニケーションがうまく行えるためには、難しい言葉をたくさん知っていることや、理屈や知識に長けていることは、かえって邪魔になる場合もある。

相手の些細な表情の変化や空気の変化を見落とさず、臨機応変に話し方や話のもっていき方を調整する能力こそが、うまく噛み合ったコミュニケーションを行うのには重要である。

「数唱」課題を含めたワーキングメモリの成績の低さは、学習障害でも、知的障害でも認められるので、発達障害の存在を疑う重要な注目点だと言える。簡単に行える点も、使いやすく有用なタスクである。

勉強でつまずく子に多い発達特性

一般の発達検査で調べられるワーキングメモリは、聴覚的なワーキングメモリだが、ワーキングメモリが低い人では、聞きとりだけでなく、読解も苦手な傾向がある。

文章を読むとき、たとえ黙読する場合でも、多くの人は子どものころ、頭のなかで声を出して読んでいたと思う。速読に熟練すると、頭のなかで声を出して読むのではなく、文字の塊の状態で頭に入れることができるようになる。

たとえば、「国連気候変動枠組条約締約国会議」という言葉を、頭のなかで読んでいたら、「コクレンキコウヘンドウワクグミジョウヤクテイヤクコクカイギ」と、読みとるために大量のワーキングメモリを使う必要があるが、ある程度速読ができる人は、「国連気候変動枠組条約締約国会議」という言葉を一瞬見ただけで、いわゆるCOPと略称されているもののことだと理解できる。

同じように、語句の塊ごとに理解していけば、一つの文や段落を理解するのも、はるかに短時間で可能になる。ただ、その場合には、視覚的なワーキングメモリもフル活用しているのだが、ワーキングメモリは、聴覚、視覚などの違いを超えて共通する機能によって支えられていると考えられている。

つまり、聴覚的ワーキングメモリの強さは、多くの場合、視覚的ワーキングメモリの強さによく相関するのだ。その結びつきの度合いを表す相関係数は、0・8と大変強いものだ。

ただし、例外もある。たとえば、自閉症の方では、聴覚的ワーキングメモリと視覚的ワーキングメモリの一方だけが異常なほど強いという場合がある。数年前に自閉症の画家・福島尚《ひさし》氏が描く鉄道風景画が、写真と見紛《みまが》う精密さで話題になった。福島氏は、見た記憶だけを手がかりに、絵にそのまま再現するという。

自閉症の人が、一度聞いた音楽を耳コピーして演奏したり、幼い自閉症児が、一、二度聞いただけの長い物語を諳《そら》んじたりする。その場合、内容は理解していないのだが、言葉の音を記憶してしまうのだ。

ただし、より正確に言うと、彼らが示している驚異の記憶力は、じつはワーキングメモリによるものではなく、短期記憶の能力によるものだ。短期記憶とワーキングメモリがどう違うかというと、ワーキングメモリは、処理のための記憶であり、随時読み出したり、一時保持したりが自在にできる。

それに対して、短期記憶は、記憶を保持する能力で、処理には直接関係しない。そのまま思い出すことはできるものの、それを活用して新たな処理を行うためには、別の能力が必要になるのだ。諳んじることはできても、意味を理解していない幼児のように、記憶したものを応用したり、新たな課題解決に役立てることは難しい。

その意味で、ワーキングメモリにある情報は自在に使うことができるので、高次な課題を処理するには、いっそう重要になる能力だと言える。

ワーキングメモリを鍛えるには?

このように、ワーキングメモリは単なる記憶力ではない。自在に情報を一時保存したり、それを引き出したりしながら、情報処理を行ううえでの要となる能力だ。コンピュータで言えば、CPUのようなもので、CPUの能力が演算速度の限界を決めるように、ワーキングメモリの容量が、頭のなかで思考する能力の限界を左右する。

ワーキングメモリを鍛える方法には、さまざまなものがあるが、ワーキングメモリは鍛えると強くなるだけでなく、ほかの能力を高める波及効果(転移効果と呼ばれる)が生まれる。知能自体を高める可能性もあるわけだ。幼いころから、ワーキングメモリを高めるトレーニングを積み重ねれば、能力全体を高められるかもしれないのだ。

では、どういうトレーニングをするとよいのだろうか。百マス計算のような単純な計算をすることも、ワーキングメモリの訓練にはなるが、それでは飽き足らないという人のために、もう少し難易度を上げた方法をいくつか挙げておこう。

一つは暗唱訓練だ。文章を読んで、それをそのまま覚えて暗唱する。その場合、一語一句正確に言うことにこだわる必要はない。内容がきちんと把握され、すべての項目が表現できていたらよしとする。

正確に繰り返すことにこだわると、ワーキングメモリよりも短期記憶の訓練になってしまう。むしろ、要約するといったことのほうが有用だ。ワーキングメモリは、覚えたものを操作し活用するときに活発に使われるからだ。

聞きとりながら書きとるディクテーションや、聞きとった文を繰り返すリピーティングもよいトレーニングである。

さらに難易度が上がるが、より効果的なのがシャドーイングと呼ばれるもので、聞きとりながら、同時に声を出して繰り返す方法だ。読みとった文章を、できるだけ覚えて書き写したり、その要点を書き留める訓練も、日々の学習でできる有効な方法だ。

算数の文章題を耳で聞いて、頭のなかで解く訓練は、ワーキングメモリの筋トレになる。ナンプレやナンクロのようなものも、超初級の問題であっても、書かずに解くとなると、極めて難問になる。4×4のナンプレで試されると、すぐにその難しさがわかるかと思う。

ナンプレ自体は、解き方のコツを知ってしまうと、単純作業になってしまうので、ワーキングメモリのトレーニングにはあまりならない。書き込まずに解くということがポイントだ。

能力そのものよりも大事なもの

ワーキングメモリを鍛えるといった基本的な訓練の積み重ねや、本人のつまずきに合わせた学習プログラムは、障害の克服に役立つ。ただ、それと同時に、あるいはそれ以上に大事なのは、自信を取り戻していくことだ。

学習障害にしろ、ほかのタイプの発達障害にしろ、失敗と叱責の積み重ねが、その子の自信を打ち砕き、コンプレックスと自己否定を植えつけていく。そうなると、できるはずのこともできなくなってしまう。

数学が苦手になってしまう原因は、数学の能力や練習の不足ということもあるが、もう一つ「数学不安」と呼ばれる自信のなさが、足を引っ張ってしまうのだ。この問題を絶対解いてみせると思って解くのと、どうせ解けないに決まっていると、悲観的な見通しをもって問題に向かうのとでは、能力差以上の差がついてしまう。

では、自信を取り戻すにはどうしたらよいのだろう。その近道は、本人が得意なことや好きなことに取り組ませ、そこで達成感や成果を味わわせることだ。

トム・クルーズの場合

Evan Agostini／Invision／AP／アフロ

俳優のトム・クルーズは、小学校に上がると、読み書きがなかなか身につかないことを指摘され、読字障害という診断を受けた。もしそうした診断を受けることもなく、通常の授業を受けていたら、トムは、ますます読み書きが苦手になり、自信も失われてしまっていただろう。幸いなことに、トムは特別支援教育を受け、充実した学習支援プログラムで、集中的に訓練を行うことができた。それには母親の協力も必要だった。

それでも、文章が読めないことで、いじめられたり、からかわれたりすることもあった。トムの自信は、ややもすると傷つけられることが多かったのだ。

その状況を変えるためには、何か自信のつく活動に取り組む必要があった。そして、出会ったのが演劇だった。母親は、もともと演劇に関心が高く、自ら劇団の創立にかかわるほどの熱の入れようだった。そこにトムを誘ったのである。

トムは次第に演劇の面白さに目覚め、才能を開花させていくことになるのだが、セリフを覚え、感情をこめて語る訓練は、トムの読字障害の改善にも役立ったのだ。

小学五年のころには、読むのが少しゆっくりなものの、トムの読字障害はだいぶよくなっていた。それでも、セリフを覚えるために、誰かに音読してもらっていた。しかし、何度も音読してもらうわけにはいかなかったから、必死で覚えようとした。

そうした努力の甲斐あって、トムは、セリフをすぐに覚えられるようになったのである。そうした取り組みが、ワーキングメモリや記憶力を強化する訓練にもなったのだろう。俳優としてデビューしたころには、読字障害の片鱗《へんりん》さえ残っていないくらいに克服されていた。

奇跡をもたらしたのは、早い発見と適切なトレーニングに加えて、好きなことを楽しみながら、それを行えたことだろう。

第10章

グレーゾーンで大切なのは「診断」よりも「特性」への理解

診断名よりも特性が大事

このように、さまざまな発達特性について知り、典型的な障害レベルのケースだけでなく、グレーゾーンと判定される特性レベルの状態も広く見ていくと、診断とベースにある問題とのややちぐはぐな関係が感じられたことと思う。

現在、発達障害の大部分は症状による診断であり、客観的な検査所見に基づいて診断が行われるのは、知的障害と学習障害くらいである。

発達障害の中核とも言えるＡＳＤ（自閉スペクトラム症）やＡＤＨＤは、いまのところ、診断の決め手となる特異的な検査所見というものはなく、国際的な診断基準でも、症状や経過で診断を行うことになっている。ＡＤＨＤに至っては、症状についても、本人や保護者の訴えによって診断を行っているのが現状で、半分程度が過剰診断の可能性が指摘されている。

しかし、その一方で診断に至らないグレーゾーンだからといって、問題がないわけではなく、抱えている困難は決して小さくない。診断未満の症状でも、いくつか重なると、大きな生活の支障や生きづらさにつながるし、一部だけしか基準を満たさない場合であっても、それが深刻な問題となっていることもある。

診断名が同じでも、各特性レベルで見ると、正反対のタイプが混在することもおわかりいただけただろう。診断名だけで、その子、その人の特性を理解した気になって、画一的な対応をすると的外れなことも起きてしまう。診断名以上に、それぞれの人のベースにある特性をきちんと把握することが大切になる。

また、特性というと、知能検査で算出できる各指数に関心が集まりがちだ。しかし、知能検査では調べることの難しい特性がいくつも存在することも忘れてはならない。

共感性や社会性、相互的コミュニケーションといった基本的な能力さえ測ることができないし、実行機能でも意思決定やプランニング、柔軟性の問題は、通常の検査では把握しにくい。そうした能力も含めて、ベースにある特性をきちんと掌握することが、まず求められるのである。

本書をお読みいただいた方は、そうした各特性の課題について、ご自身や身のまわりの方について、おおよそ把握できたのではないかと思う。そして、そのことが、診断名以上に、有効な対処につながるのである。

なぜなら、大事なのは、障害か障害でないかを区別することではなく、その人の強みと弱い点とをきちんと理解し、適切なサポートやトレーニングにつなげていくことだからだ。グレーゾーンと判定されるレベルでは、とくにそのことが重要になるのである。

近年、発達の特性は、障害ではなくニューロダイバーシティ（神経多様性）として理解されるようになってきている。それは、それぞれの人がもつ脳の特性であり、個性である。それを、わずか数個の診断カテゴリーで区切ろうとすることは、自然の多様性を、人間の決めた数本の境界ラインで区切るようなものである。

十年後には診断がガラリと変わる

医学的な診断というと、厳然とした根拠に基づいた、揺るぎない客観性をもつように錯覚するが、現状は極めて流動的で、過渡的なものだと言える。十年もすれば、いま使われている診断名は別のものに変わっている可能性が高く、名称だけでなく、診断概念や体系そのものが変更されている可能性もある。

現在用いられているDSM（アメリカ精神医学会の精神障害の診断・統計マニュアル）の診断基準は、観察される症状による分類だが、ベースにある病態による診断基準を模索する試みも進行中だ。

その代表的なプロジェクトが、アメリカ国立精神衛生研究所（NIMH）が進めているRDoC（アールドック）（研究領域基準）で、診断名とは関係なく、その根底にある病態を、遺伝子、神経科学、行動科学などの生物学的なマーカーで分類しようとしている。

その場合、ADHDとかASDといった診断名よりも、たとえば、各遺伝子の多型や発現レベル、受容体や酵素の活性、実行機能やワーキングメモリなどの客観的な指標によって、特性や病態が理解されるようになる。

ASDについては、診断概念がかなり整理され、ベースにある遺伝要因や脳の機能的な異常との関係も裏づけられつつあるが、それでも、病態レベルで見ると、種々雑多なものの寄せ集めであることに変わりはない。ADHDについては、近い将来、診断概念自体が放棄され、別の概念に変わってしまうのではないかと思われる。

そうしたなかで重要性が増さざるを得ないのは、愛着システムの障害によって起きる愛着関連障害だろう。ADHDは、愛着システムの障害による部分と、遺伝要因や器質要因による部分が整理され、新たな枠組みによって再分類されるとともに、個々のケースは、個々の特性に沿って理解されるようになるだろう。ＡＳＤなどについても、そうしたパラダイムシフトが進んでいくことになるだろう。

しかし、診断名や診断体系が変わろうと、ベースにある特性や課題をしっかり理解していれば、対応を誤ることはない。なぜなら、人間の特性そのものが変わるわけではなく、ただ医学概念がそれに追いついていないだけだからだ。

本書を執筆しながら、グレーゾーンのケースには、愛着の課題を抱えたケースが多いことを改めて感じた。

ことに、時代を代表する起業家であるジェフ・ベゾスとイーロン・マスクの両人とも、そして、ついでに言うと、アップルを創業した、いまは亡きスティーブ・ジョブズも、複雑な養育環境のなかで育ち、愛着の課題を抱えていたことは、とても象徴的なことに感じられるとともに、愛着の課題に苦しむ人が急増する今日、逆境をエネルギーに変えることができるという希望を与えてくれるようにも思う。

主な参考文献

- 『DSM-5 精神疾患の診断・統計マニュアル』日本語版用語監修：日本精神神経学会、高橋 三郎、大野裕監訳／医学書院／ 2014
- 『WISC- Ⅳの臨床的利用と解釈』アウレリオ・プリフィテラ、ドナルド・H・サクロフスキー、ローレンス・G・ワイス著、上野一彦監訳、上野一彦、バーンズ亀山静子訳／日本文化科学社／ 2012
- 『村上春樹の秘密 ゼロからわかる作品と人生』柘植光彦著／アスキー新書／ 2010
- 『対人距離がわからない　どうしてあの人はうまくいくのか?』岡田尊司著／ちくま新書／ 2018
- 『ADHD の正体　その診断は正しいのか』岡田尊司著／新潮社／ 2020
- 『自閉スペクトラム症　「発達障害」最新の理解と治療革命』岡田尊司著／幻冬舎新書／ 2020
- 『いまどき中学生白書』魚住絹代著／講談社／ 2006
- 『回避性愛着障害　絆が希薄な人たち』岡田尊司著／光文社新書／ 2013
- 『ジェフ・ベゾス 果てなき野望』ブラッド・ストーン著、滑川海彦解説、井口耕二訳／日経 BP ／ 2014
- 『イーロン・マスク 未来を創る男』アシュリー・バンス著、斎藤栄一郎訳、講談社／ 2015
- 『ワーキングメモリと日常：人生を切り拓く新しい知性 (認知心理学のフロンティア)』T.P. アロウェイ、R.G. アロウェイ編著、湯澤正通、湯澤美紀監訳／北大路書房／ 2015
- 『ポリヴェーガル理論入門：心身に変革をおこす「安全」と「絆」』ステファン・W・ポージェス著、花丘ちぐさ訳／春秋社／ 2018
- 『ミヒャエル・エンデ―物語の始まり』ペーター・ボカリウス著、子安美知子訳／朝日選書／ 1995
- 『創造の狂気 ウォルト・ディズニー』ニール・ゲイブラー著、中谷和男訳、ダイヤモンド社／ 2007
- 『トム・クルーズ 非公認伝記』アンドリュー・モートン著、小浜杳訳／青志社／ 2008
- 『発達性協調運動障害 [DCD]：不器用さのある子どもの理解と支援』辻井正次、宮原資英監修、澤江幸則、増田貴人、七木田敦著／金子書房／ 2019
- 『宮沢賢治 すべてのさいはひをかけてねがふ』千葉一幹著／ミネルヴァ日本評伝選／ 2014
- 『愛着アプローチ　医学モデルを超える新しい回復法』岡田尊司著／角川選書／ 2018
- 『発達性トラウマ障害と複雑性 PTSD の治療』杉山登志郎著／誠信書房／ 2019
- “A Parent's Guide to Asperger Syndrome and High-Functioning Autism: How to Meet the Challenges and Help Your Child Thrive” Sally Ozonoff, Geraldine Dawson, James McPartland, 2002
- “Dyslexia: Learning Disorder or Creative Gift?” Cornelia Jantzen, Floris Books, 2009
- “Autism and Asperger Syndrome (The Facts)” Simon Baron-Cohen, Oxford University Press, 2008
- “Diagnosing Learning Disorders A Neuropsychological Framework 2nd Edition ” Bruce F. Pennington, The Guilford Press, 2009
- “Outsmarting Autism, Updated and Expanded: Build Healthy Foundations for Communication, Socialization, and Behavior at All Ages” Patricia S. Lemer, North Atlantic Books; Expanded, Updated 版、2019

著者略歴

岡田尊司（おかだ・たかし）

1960年、香川県生まれ。精神科医、作家。医学博士。東京大学文学部哲学科中退。京都大学医学部卒。京都大学大学院医学研究科修了。長年、京都医療少年院に勤務した後、岡田クリニック開業。現在、岡田クリニック院長。日本心理教育センター顧問。パーソナリティ障害、発達障害治療の最前線に立ち、現代人の心の問題に向かい合っている。著書に『アスペルガー症候群』（幻冬舎）、『愛着障害』（光文社）、『母という病』（ポプラ社）、『パーソナリティ障害』（PHP研究所）などベストセラー多数。小説家・小笠原慧としても活動し、作品に横溝正史賞を受賞した『DZ』、『風の音が聞こえませんか』（ともに角川文庫）などがある。

SB新書　572

発達障害《はったつしょうがい》「グレーゾーン」
その正《ただ》しい理解《りかい》と克服法《こくふくほう》

2022年2月15日　初版第1刷発行
2024年5月27日　初版第20刷発行

著　者　岡田尊司《おかだたかし》

発行者　出井貴完

発行所　SBクリエイティブ株式会社
〒105-0001　東京都港区虎ノ門2-2-1

装　幀　杉山健太郎
装　画　須山奈津希（ぽるか）
本文デザイン　荒井雅美（トモエキコウ）
D T P　荒木香樹
編　集　杉本かの子（SBクリエイティブ）
印刷·製本　中央精版印刷株式会社

本書をお読みになったご意見・ご感想を下記URL、
または左記QRコードよりお寄せください。

https://isbn2.sbcr.jp/12993/

落丁本、乱丁本は小社営業部にてお取り替えいたします。定価はカバーに記載されております。本書の内容に関するご質問等は、小社学芸書籍編集部まで必ず書面にてご連絡いただきますようお願いいたします。

ISBN 978-4-8156-1299-3